Kurt Rimpp

Die Salamander und Molche Europas

Eine Beschreibung der heute noch lebenden
Schwanzlurcharten und -unterarten

Mit 16 Farbfotos auf Kunstdrucktafeln

Lehrmeister-Bücherei Nr. 65
Albrecht Philler Verlag · 4950 Minden

Bildnachweis

Das Umschlagbild zeigt oben den Feuersalamander
(Salamandra salamandra terrestris) und unten den
Bergmolch *(Triturus alpestris alpestris)*, Farbfotos: B. Kahl
Foto 6: H. J. Eberhardt
Foto 11: K. Henle
Foto 1, 9, 10: B. Kahl
Alle übrigen Fotos vom Verfasser

© Albrecht Philler Verlag GmbH, 4950 Minden, 1977, 1981
Satz und Druck: Albrecht Philler Verlag, Minden
Bindearbeiten: Heinrich Altvater KG, Minden-Todtenhausen
ISBN 3 7907 0065 7

Inhaltsverzeichnis

Vorwort

Das hier vorliegende Buch soll dem Leser die heute lebenden europäischen Schwanzlurcharten und -unterarten nahe bringen. Dies geschieht unter der Berücksichtigung der reinen Liebhaberkreise, denen hiermit das erste Mal in deutscher Sprache ein vollständiges Urodelenbuch vorliegt. Über Tips zum Fang und zur Terrarienhaltung wird der Leser in die Materie eingeführt, um dann zur systematischen Artenbeschreibung mit jeweils speziellen Haltungsvorschlägen zu kommen. Der sich daran anschließende Bestimmungsschlüssel gibt Anfängern die Möglichkeit, jeden europäischen Schwanzlurch zu bestimmen.

Der Grundstock zu diesem Buch bildete sich schon, als ich begann, Schwanzlurche zu pflegen und zu züchten. Damals hatte ich noch keine Ahnung, welche Freude und wieviele interessante Dinge sich mit dieser Liebhaberei verbinden. Doch in den bis jetzt vergangenen 15 Hobbyjahren ist mein Wissen über die Schwanzlurche beträchtlich angewachsen, und meine Pflegetiere umfassen nicht nur einheimische Arten, sondern auch Raritäten aus den abgelegenen Gegenden Europas, Vorderasiens und Asiens. In dem Maße, in dem sich die Erfahrungen mit meinen Pfleglingen erweiterten, wuchs der Wunsch, noch mehr über diese Tiere zu erfahren. So machte ich mich also auf die Suche, ein Buch zu finden, in dem alles Wissenswerte für einen Molch- und Salamanderpfleger steht. Ich suchte bis heute vergeblich, was die deutschsprachige Literatur anbetrifft. Aus diesem Grunde entschloß ich mich, aus Büchern, die mein Wissensgebiet streiften, und von den zahlreichen Schriften, die in kleinem Rahmen über einzelne Arten und Unterarten berichteten, die Informationen wie Mosaiksteinchen zusammenzusuchen und die eigenen Erfahrungen hinzuzufügen. Nach einem Jahr solchen Treibens sammelte sich bereits beachtlich viel Material an. Irgendwann in dieser

Zeit fragte ich mich, warum ich diese Fakten nicht auch der Öffentlichkeit zugänglich machen sollte. Aus dieser Überlegung heraus entstand der Entschluß, dieses Buch zu schreiben. Nach der Fertigstellung meines Manuskripts mußte ich feststellen, daß noch einige Fakten fehlten. Zur Füllung dieser wichtigen Lücken war mir in erster Linie Herr Heribert WOLSBECK aus Karlsruhe behilflich, der mir, seine eigene Arbeit oft vernachlässigend, in großartiger Weise weitergeholfen hat. Dafür möchte ich ihm an dieser Stelle besonders herzlich danken. Weiterhin bin ich Herrn Dr. FACHBACH, Zoologisches Institut der Universität Graz, für seine Hilfe bei den Unterarten von *Salamandra salamandra*, Herrn Dr. WERMUTH, Staatliches Museum für Naturkunde Stuttgart, für allgemeine Autorentips und dem Autor von „Les Salamandres", Herrn Robert THORN aus Luxembourg, für seine Berichtigungen der im Deutschen falsch wiedergegebenen Fakten zu Dank verpflichtet.

Zum Schluß möchte ich nicht vergessen, dem Menschen zu danken, der ein Wesentliches zum Entstehen dieses Buches beigetragen hat, der oft immer wieder meine Arbeit angespornt hat und viel Verständnis aufbringen mußte. Es handelt sich hierbei um meine Frau Christel, die gleichzeitig die Stelle meiner Sekretärin übernahm und aus dem Rohmanuskript eine setzreife Vorlage machte.

Malmsheim, 1977 und 1981

Kurt Rimpp

Einleitung

Nach einem langen Winter, in dem man die Vielfalt der Natur entbehrt hat und darauf brennt, endlich das Leben draußen erwachen zu sehen, ist der beste Zeitpunkt gekommen, sich zum Halten von Salamandern und Molchen zu entschließen. Noch fegen die kalten Winterwinde durchs Land und lassen das Erdreich in dem unsere zukünftigen Pfleglinge geschützt in der frostfreien Tiefe den Winterschlaf verbringen, immer wieder neu durch ihren eisigen Hauch erstarren.

Jetzt haben wir noch Zeit, alles zu planen. Denn wenn der Frühling mit einem warmen Regen kommt, muß alles bereit sein, um unsere kleinen Gäste nach Hause zu bringen.

Bevor wir uns zur Haltung einer Art entschließen, ist es nötig, die bestehenden, gesetzlichen Bestimmungen zu beachten.

Die Bundesartenschutzverordnung

Diese am 25. August 1980 in Kraft getretene Verordnung läßt bei unseren einheimischen Schwanzlurchen den Fang von Bergmolchen *(Triturus alpestris)* und Teichmolchen *(Triturus vulgaris)* in unbedeutenden Mengen zum Zwecke der eigenen privaten Lebendhaltung zu. Diese Erlaubnis besteht jedoch nur außerhalb von Naturschutzgebieten, Nationalparks und Naturdenkmalen. Es besteht außerdem ein Fangverbot für diese Arten außerhalb des Zeitraumes vom 1. Mai bis 15. Oktober. Der Fang darf weiterhin nur in Gebieten vorgenommen werden, in denen Tiere dieser Arten in größerer Anzahl vorkommen.

Der Handel und die Haltung aller europäischen Schwanzlurche ist durch diese Verordnung verboten. Es gibt allerdings sinnvolle Ausnahmen, die nachstehend näher bezeichnet sind.

Alle vorstehenden Verbote gelten nicht für (ich zitiere § 3 der Bundesartenschutzverordnung, Absatz 1/2): „Im Inland in der Gefangenschaft gezüchtete und nicht herrenlos gewordene Tiere besonders geschützter Arten, Teile dieser Tiere, ihre Eier, Larven, Puppen, sonstige Entwicklungsformen oder Nester und hieraus gewonnene Erzeugnisse." Das bedeutet, daß diese besonders geschützten Arten bereits bei Inkrafttreten dieser Vorschrift im Besitz des Pflegers oder eines Dritten sein mußten, um mit deren Haltung nicht gesetzwidrig zu handeln.

Alle nachstehenden Fang- und Haltungsempfehlungen sind im Rahmen dieser Vorschriften zu betrachten.

Fanggewässer

Wenn man noch keines kennt, oder noch weitere Tümpel finden möchte, besorgt man sich eine topografische Karte der heimischen Umgebung im Maßstab 1:25000 oder 1:50000. In ihnen sind selbst periodische Tümpel eingezeichnet, die sich bei intensivem Kartenstudium leicht finden lassen.

So kann man sich schon an einem Wintertag auf den Weg machen, um die Lage und Aussichten eines solchen Fanggewässers auszukundschaften. Hierbei möchte ich von vornherein bemerken, daß Seen für ein solches Unternehmen ungeeignet sind. Geeignet sind kleinere Gewässer, die einen mittleren Wasserstand von etwa 50 cm aufweisen. Ist ein Gewässer flacher und hat weniger als 20 cm Wasserstand, so schwinden die Chancen, dort im Frühjahr einen Molch zu finden. Einem Gewässer mit Fischbesatz sollte man von vornherein den Rücken kehren. Erstens sind diese Teiche und Weiher meist gepachtet oder werden von Interessenten regelmäßig überwacht, die dann ihre Fische in Gefahr wähnen. Zweitens wirkt in der Regel ein gesunder Fischbestand negativ auf eine Schwanzlurchpopulation.

Kescher

Zum Fang von einheimischen Schwanzlurchen und Kleinstfutter ist ein größerer Kescher notwendig, der einen möglichst langen Stiel haben sollte. Solche Spezialkescher sind jedoch teuer und nicht für jedermann erschwinglich. Deshalb ist hier eine Möglichkeit beschrieben, einen Kescher im Eigenbau herzustellen.

Den Bügel dazu kann man sich aus einem dicken, starren Draht oder ähnlichem Material biegen und von einer Schlosserei oder sonst einem anderen metallverarbeitenden Betrieb an ein zylindrisches Endstück anschweißen lassen. Die Bügelform bleibt jedem selbst überlassen. Das zylindrische Endstück muß genau das Gegenstück einer geraden Zeltstange bilden. Beide Teile müssen sich zusammenstecken lassen. Die Zeltstange sollte einen Nippel, das zylindrische Endstück ein Loch

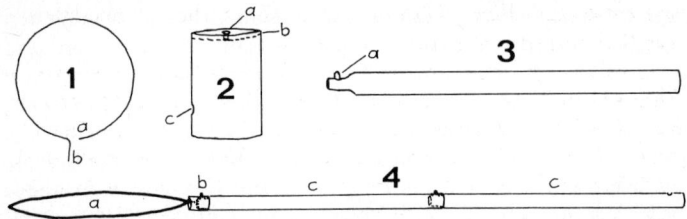

Abb. 1 Kescherbauanleitung
1 starker Draht zur Bügelform gebogen; 1a Schweißstelle; 1b verbleibender Drahtzapfen zum Einschweißen in Zylinderstück; 2 Zylinderstück; 2a Bohrloch für Drahtzapfen; 2b Zylinderdeckel; 2c Loch für Nippel der Zeltstange; 3 Zeltstange; 3a Nippel; 4 zusammengesteckter Kescher; 4a Kescherbügel; 4b Zylinderstück; 4c Zeltstangen

9

haben. Somit kann man durch das Einrasten des Nippels ein Herausrutschen der Steckteile vermeiden. Als Verlängerung des Stiels nimmt man noch weitere passende Zeltstangen, die man in jedem Sportgeschäft bekommt. Das Netz, das feinmaschig sein soll und um den Bügel genäht wird, sollte aus einem widerstandsfähigen Stoff gemacht werden. Somit hat man einen strapazierfähigen und gut transportablen Kescher, der einem gekauften nicht im geringsten nachsteht.

Exkursionsbehälter

Jeder eingefleischte Salamanderpfleger weiß selbstgefangene Futtertiere zu schätzen, da sie immer eine willkommene Abwechslung für die Pflegetiere darstellen. Deshalb ist es am besten, man nimmt bei jedem Streifzug durch die Natur eine kleine Büchse oder dergleichen mit. Man findet dann, dreht man hier und da Steine und vermoderte Holzstücke um, allerlei Leckerbissen für unsere Schwanzlurche. Im Beschaffen solcher Büchsen und anderer kleiner Behältnisse ist die Verpackungsindustrie sehr behilflich. Jedoch sollte man ein wenig darauf achten, aus welchem Material unser Exkursionsbehälter gemacht ist. Ist er aus Kunststoff, dann ist die Gefahr des Hitzestaus gegeben. Deshalb sollte man das Gefäß oder den Behälter nie der direkten Sonnenbestrahlung aussetzen und es von Zeit zu Zeit lüften. Dasselbe ist beim Transport von Schwanzlurchen zu beachten. Gut schließende Kistchen aus Sperrholz oder feuchte Leinensäckchen waren von jeher die geeignetsten Transportmittel. Schon hier ist ein Grundsatz zu beachten, den man bei der Schwanzlurchpflege nicht außer acht lassen sollte. Alle Schwanzlurche sind exzellente Ausbruchskünstler, die mittels der Adhäsionskraft ihrer feuchten Körper selbst an senkrechten Glasscheiben hochklettern können. Deshalb ist immer eine ausbruchsichere Abdeckung notwendig.

Pinzette

Die Pinzette wird dem Schwanzlurchpfleger von Anfang an unentbehrlich werden. Man braucht sie in erster Linie zum Eingeben des Futters in den Pflegebehälter. Außerdem kann man dieses Werkzeug zur Hilfe bei Häutungen und anderen anfallenden Arbeiten benutzen. Allgemein ist eine etwa 12 cm lange Pinzette aus nichtrostendem Material mit breiten, abgerundeten Enden, das geeignetste Werkzeug.

Nun wird es so langsam Zeit, an die Unterbringung unserer Pfleglinge zu denken. Schwanzlurche sind Amphibien, das heißt, sie können sowohl im Wasser als auch an Land leben. Deshalb müssen wir für sie meist ein Aqua-Terrarium einrichten.

Das Aqua-Terrarium

Der Behälter muß unbedingt wasserdicht sein, deshalb empfiehlt es sich immer, dazu ein Aquarium zu benutzen. Die Geschlossenheit der Wände gewährleistet dann auch bei Landsalamandern die benötigte Luftfeuchtigkeit. Die Größe des Behälters ist von dem jeweiligen Tier abhängig, das man halten möchte. Wer Bergmolche (*Triturus alpestris alpestris*), Teichmolche (*Triturus vulgaris vulgaris*) oder Fadenmolche (*Triturus helveticus helveticus*) hält, kommt bei zwei Tieren mit einem 10-Liter-Becken aus. Dies ist keineswegs Tierquälerei, da die Tiere in der Natur meist ein sehr begrenztes Areal besitzen. Das ist allerdings ein Minimum. Besser ist es, wenn man auch ansprechender einrichten kann. Landteile bildet man aus Steinen, die man vorher sorgfältig waschen sollte. Glaswände von wassergefüllten Becken, die dem Beobachter nichts nützen, kann man ohne Bedenken mit Algen bewachsen lassen. So hat man dann einen naturgetreuen Hintergrund, der störende Gegenstände verdeckt, die sich vielleicht hinter dem Behälter befinden.

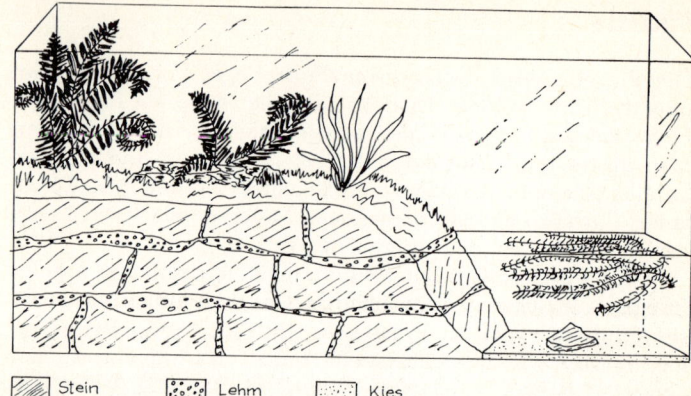

| Stein | | Lehm | | Kies |

Abb. 2 Mehrzweck-Aquaterrarium
Dieses Einrichtungsbeispiel stellt ein typisches Aqua-Terrarium dar, das für alle Urodelenarten verwendet werden kann. Das Wasserteil hat hier ein dickes Pflanzenpolster, eine Hilfe für terrestrische Arten, die zufällig ins Wasser geraten. Man kann dafür auch ein Stück Styropor oder Holz einbringen. Der Bodengrund ist hier mit Kies ausgelegt. Das Landteil wird aus aufeinandergelegten, flachen Steinen gebildet, deren Zwischenräume man mit zuvor gewässertem Lehm (damit er keine Trübstoffe ins Wasser gibt) ausfüllt. Das Ausfüllen der Zwischenräume ist wegen der Verkeilungsgefahr der Urodelen notwendig. Auf diese Steinunterlage wird Moos aufgelegt und Farn und andere einheimische Pflanzen eingesetzt. Auf das Moos legt man als Versteckmöglichkeiten Steine oder Rindenstücke.

Behälterabdeckung

Auf die Notwendigkeit einer Behälterabdeckung wurde schon an anderer Stelle hingewiesen. Bei kleinen Behältern behilft man sich am besten mit Vorhangstoff oder Stoffgaze, die man mit einem Gummiring straff über das Becken spannt. Haben wir einen größeren Behälter, so müssen wir einen Rahmen aus Sperrholz oder anderem Material basteln, der mit Vorhangstoff, Stoffgaze oder Fliegengitter bespannt wird. Hierbei ist zu beachten, daß der ganze Abdeckrahmen genügend Gewicht und Abschluß an den Rändern besitzt.

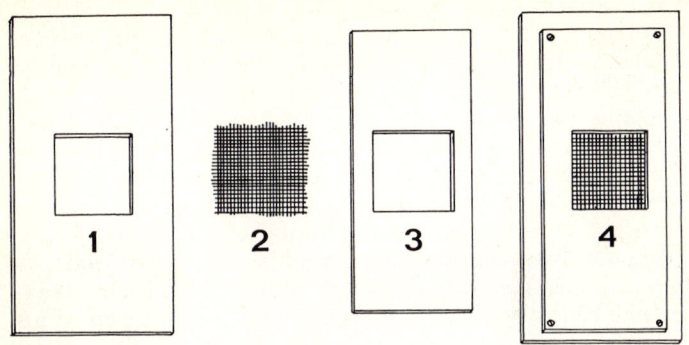

Abb. 3 Bauanleitung für die Abdeckung
Werkstoff: Sperrholz. 1 Platte mit den Maßen des äußeren Randes des Behälters. In der Mitte Lüftungsloch. 2 Vorhangstoffstück. Der Vorhangstoff wird auf die Platte 1 mit ungiftigem Leim aufgeklebt. 3 Platte mit den Maßen der Öffnung des Behälters. In der Mitte ist das Lüftungsloch, das die gleichen Ausmaße und Anordnung wie bei Platte 1 haben muß. Platte 3 wird auf Platte 1 aufgeleimt. 4 Fertiggestellte Abdeckung, Ansicht von unten.

Quarantäne- und Versuchsbecken

Ernsthafte Schwanzlurchpfleger sollten außer ihrem Aqua-Terrarium ein Quarantäne- und Versuchsbecken mit folgenden Mindestmaßen haben: Höhe 20 cm, Länge 25 cm, Breite 15 cm. Dieser Behälter kann zu vielerlei Möglichkeiten herangezogen werden. Beispiele: 1. Als Quarantänebecken für frisch gekaufte und bereits erkrankte oder abnorme Verhaltensweisen zeigende Tiere; 2. Für Versuche, die eine einrichtungslose Umgebung benötigen oder eine Trennung anderer Artgenossen nötig macht; 3. Als Ausweichbecken, wenn man überraschenderweise einen landlebenden Schwanzlurch bekommt, jedoch im Moment nur ein wassergefülltes Aqua-Terrarium zur Verfügung hat; 4. Als Jungtierzuchtbecken, zur ungefährdeten Aufzucht der abgelegten Eier; 5. Als Futteraufbewahrungsbecken für

13

Hüpferlinge, Wasserflöhe u. a. Schon allein diese fünf aufgezählten Beispiele rechtfertigen die Anschaffung eines solchen Behälters, der im Preis durchaus erschwinglich ist.

Damit hätten wir alle Voraussetzungen geschaffen, um Schwanzlurche zu pflegen. Jetzt können wir nur noch darauf warten, daß unsere Berg- und Teichmolche aus ihren Schlupfwinkeln, sprich Winterquartieren, hervorkommen. Nun, dazu kann man nichts Generelles im Bezug auf den Termin sagen. Denn das hängt alles vom Klima und Wetter ab, das jedoch in den einzelnen Landstrichen völlig verschieden sein kann. Hierzu eine Faustregel. Hat man tagelang mildes Wetter mit frostfreien Nächten und eventuell einen milden Frühlingsregen, der auch oft in Form eines Frühjahrsgewitters niedergeht, so kann man sich mit berechtigten Hoffnungen auf Exkursion begeben. Diese naturkundliche Wanderung dient allerdings nur zum Feststellen der Berg- und Teichmolchvorkommen und der Betrachtung der anderen besonders geschützten Arten. Bis zum Fang der Berg- und Teichmolche müssen wir uns noch bis zum 1. Mai gedulden (siehe S. 7)

Lebensräume der einheimischen Schwanzlurche

Die im Wasser lebenden, im Volksmund „Molche" genannten Schwanzlurche, findet man im Frühjahr und Sommer am besten, wenn sie sich zur Paarung im Wasser aufhalten. *Triturus vulgaris vulgaris, Triturus helveticus helveticus* und *Triturus alpestris alpestris* trifft man bisweilen in bescheidenen Pfützen, während *Triturus cristatus cristatus* in größeren, allgemein nicht periodischen Gewässern zu finden ist. Letztere Art findet man am häufigsten in tieferen Tümpeln, Teichen und Weihern. Für Neulinge sei hier gesagt, daß man in einem Tümpel, den man im Frühjahr besucht, zunächst keine Schwanzlurche vorfindet.

Der Schein trügt jedoch. Unter Steinen, Holzstücken, Wasserpflanzen und am Grund herumliegenden Gegenständen, befinden sich meistens eine Unzahl von Schwanzlurchen, die man durch Umdrehen ihrer Verstecke aufscheuchen kann. Zur Hauptpaarungszeit, die je nach Gegend früher oder später sein kann, zeigen sich die Tiere ohne Deckung. Hat man Glück, so sieht man einen Schwanzlurch auch beim Auftauchen zum Luftschnappen. Ganz anders verläuft die Suche im Herbst. Dann muß man die Tiere außerhalb des Wassers unter Steinen, am Boden liegenden Baumteilen und dergleichen suchen. Dies sind nämlich ihre typischen Zwischenstationen auf dem Weg zum Winterquartier. Das ist besonders in der Nähe eines Gewässers zu empfehlen, wo man unter einem Stück Holz zehn bis fünfzehn Tiere vorfinden kann. Im Winter jedoch nach Schwanzlurchen zu suchen, ist ein aussichtsloses Unterfangen, da sie sich längst in ihren Winterquartieren tief unter der Erde befinden. Das Letztere gilt auch für unsere auf dem Land lebenden Schwanzlurche. Den Feuersalamander, wie auch den Alpensalamander trifft man tagsüber nur bei feuchtem Wetter an. Im Frühjahr, wenn der erste Regen fällt, und das Wasser bis in die Winterverstecke der Feuersalamander vordringt, erwacht er aus seinem Winterschlaf und klettert behäbig zur Erdoberfläche. Dort sieht man diese farbenfrohen Gesellen über den feuchten Erdboden watscheln, auf der Suche nach dem ersten Futter, das der ausgehungerte Körper verlangt. Hierzu muß ausdrücklich gesagt werden, daß unsere Salamander, das wären *Salamandra salamandra salamandra* (Gefleckter Feuersalamander), *Salamandra salamandra terrestris* (Gebänderter Feuersalamander), *Salamandra atra* (Alpensalamander), nur bei feuchtem und nassem Wetter an der Erdoberfläche anzutreffen sind. Bei trockenem Wetter sind die Salamander in ihren Fels- und Erdhöhlen aufzufinden. Das ist wegen der Feuchtebedürftigkeit der empfindlichen Salamanderhaut nötig.

Im Frühjahr und auch später wird man Schwanzlurche im Übermaß antreffen. Kein Wunder also, wenn diesen oder jenen Urodelenfreund das Jagdfieber packt und er mehr Tiere fängt, als er pflegen kann. Das ist verständlich, man sollte sich aber spätestens vor dem Heimweg besinnen, wieviele Tiere man versorgen kann. Dann kann man die Tiere sorgfältig nach ihrer Schönheit, ja auch nach ausgefallenen Merkmalen, die es zwar selten, aber hin und wieder gibt, aussuchen und die anderen Tiere wieder in das Fanggewässer setzen. Bei einer solchen Auswahl sollte man ein gutes zahlenmäßiges Verhältnis der Geschlechter zueinander nicht außer acht lassen.

Die Haltung der einzelnen Arten wird innerhalb der systematischen Artenbeschreibung behandelt. Darum zunächst noch etwas über den weiteren Jahresverlauf als Urodelenpfleger. Trotz aller Vorsichtsmaßnahmen wird es nicht zu verhindern sein, daß ein Tier aus dem Behälter entweicht und damit in die Gefahr gerät, auszutrocknen. Um es einzufangen, können wir uns eines Sinnesorganes der Urodelen bedienen, nämlich der Fähigkeit, Feuchtigkeit auf größere Entfernungen aufzuspüren. Man nimmt also einen Schwamm oder einen Lappen, macht ihn feucht und legt ihn in der Nähe der Stelle, an der das Tier entwichen ist, auf den Boden. Ist das Tier noch im Zimmer, so ist es am nächsten Tag mit Bestimmtheit unter dem Lappen oder Schwamm und wir können es wieder ins Aqua-Terrarium zurückbringen. Wenn Frühling und Sommer vorbei sind, werden die meisten unserer einheimischen Molche an Land gehen. Ist man dann nicht mehr an den Tieren interessiert, sollte man seine Molche unbedingt an der Stelle aussetzen, an der man sie gefangen hat. Der Grund hierfür ist die ungemeine Ortstreue dieser Tiere. So zum Beispiel evakuierten Schweizer Studenten einige hundert Berg-, Teich- und Kammolche aus einem gefährdeten Tümpel, der tags darauf im Zuge eines Straßenbaues zugeschüttet werden sollte, in einen ungefährdeten Tümpel, allerdings in beachtlicher Entfernung von ihrem Heimattümpel. Als die Studenten nach zwei Tagen noch einmal nach dem Tümpel schauten, fanden sie an der Stelle des ehemaligen Gewässers die Molche in großer Anzahl dahinvegetieren. Die Tiere hatten sich also auf den langen, beschwerlichen Weg gemacht, nur um in ihren Heimattümpel zu gelangen, obwohl der ihnen zugewiesene Tümpel optimale Bedingungen bot. Es ist also unbedingt notwendig, die Tiere wieder an ihrem Fangort auszusetzen. Sollten die Molche im Aqua-Terrarium schon im Frühjahr, kurz nach dem man die Tiere gefangen hat, an Land gehen, so ist oft die zu hohe Wassertemperatur schuld. Man sollte dann den Behälter an einen kühleren Ort stellen. Überhaupt muß man beachten, daß Urodelen Standplätze brauchen, die

► keiner direkten Sonnenbestrahlung ausgesetzt sind;
► keiner zu großen Wärme preisgegeben sind (nicht über 22° C);
► kein allzu trockenes Zimmerklima besitzen (Zentralheizung gefährlich)

Hält man die Tiere über den Herbst hinaus, so ist eine Überwinterung notwendig.

Überwinterung

Die Überwinterung der einheimischen Schwanzlurche sollte nie in einem im Freien stehenden Terrarium erfolgen, da die Tiere sich nicht genügend tief in die Erde eingraben können. Sie würden bei starkem Dauerfrost eingehen. Die beste Lösung ist der Keller, in dem zwar niedere Temperaturen vorherrschen (0—5° C), die jedoch den Lurchen keineswegs schaden. Übrigens werden diese Temperaturen speziell für diejenigen Lurche gebraucht, die in ihrem normalen Verbreitungsgebiet eine natürliche Kälteperiode durchmachen müssen.

Merke: Kältegewöhnte Tiere, die im Winter warm gehalten werden, kommen im Frühjahr nicht in Paarungsstimmung.

Futter

Der **Bachflohkrebs** stellt besonders für gebirgsbachbewohnende Urodelen ein wertvolles Futtertier dar. Man kann diese Tiere in Bächen an Wasserpflanzen erbeuten, indem man sie mit dem Kescher abstreift. Vorsicht ist bei Gewässern geboten, die zu sehr mit Chemikalien verseucht sind.

Enchyträen sind auch in Zoogeschäften, allerdings nicht so häufig, zu bekommen. Enchyträen *(Enchytraeus albidus)* sind weißliche Borstenwürmer, die eine Größe von etwa 30 mm erreichen können. Diese Tiere wird man zumeist nicht ohne Torf bekommen. Nun, es wäre eine Riesenarbeit, diese Tiere aus dem Torfstück herauszusuchen. Deshalb legen wir auf das Torfstück, das immer feucht, aber nicht naß sein sollte, eine Glasscheibe. Nach geraumer Zeit werden wir feststellen, daß sich schon eine Menge dieser Tiere darunter versammelt haben und nur darauf warten, eingesammelt zu werden. Auch diese Tiere sind, wie der Mehlwurm, nur als Zusatzfutter oder als momentaner Futterersatz zu verwenden. Wird dies nicht beachtet, so führt die ausschließliche Verfütterung zur Verfettung des Terrarientieres, was nicht zuletzt Unfruchtbarkeit bewirken kann.

Als besonders wertvolles Futter lassen sich die **Heuschrecken** bezeichnen. Deswegen ist es sehr zu empfehlen, in den Sommermonaten dieses Futter zu verabreichen. Allerdings nehmen nicht alle Urodelen Heuschrecken an. Im übrigen kann man dieses Futter erst dann verabreichen, wenn es vorher zubereitet worden ist. Zur Zubereitung tötet man die Tiere ab und entfernt die langen Sprungbeine. Dann bewegt man das Futtertier mit der Pinzette, um Bewegungen zu simulieren, damit der Schwanzlurch darauf aufmerksam wird. Heuschrecken findet man an Wald- und Wiesenrändern in Massen. Man fängt sie am besten mit der Hand und steckt sie dann in einen Sammelbehälter.

18

Hüpferlinge sind besonders für ältere aquatile Larven geeignet. Man kann sie in planktonreichen Tümpeln, Weihern usw. antreffen. Man fängt diese Tiere mit einem Kescher, der mit einem äußerst feinmaschigen Netz versehen sein sollte. Mit diesem Kescher streift man an den vegetationsreichen Uferzonen entlang. Beim Herausziehen des Keschers wird man am Netzboden diese winzigen Tiere in größerer Anzahl finden.

Mehlwürmer werden als Futtertiere in Zoogeschäften angeboten. Als Mehlwurm bezeichnet man die Larven des Mehlkäfers *(Tenebrio molitor)*. Diese Larven, jedoch nie die Puppen oder fertigen Käfer, können als Zusatzfutter oder als Futterersatz verfüttert werden. Jedoch sollte man diese Tiere nie als ausschließliches Futter verwenden. Es ist schon wegen des Chitinpanzers schwer verdaulich und kann mit der Zeit zu schweren Verdauungsschwierigkeiten und zur Futterverweigerung führen. Außerdem können Häutungsschwierigkeiten und Trübungen der Augenlider auftreten. Zur befristeten Aufbewahrung der Mehlwürmer verwendet man ein Marmeladenglas.

Regenwürmer sind ein Universalfutter, das fast jeder Schwanzlurch annimmt. Nur sollte man die Größenverhältnisse nicht außer acht lassen. Mit aller Entschiedenheit muß man hier auf die Gefährlichkeit von in Kompost- und Misthaufen lebenden Stinkregenwürmern hinweisen. Diese enthalten Giftstoffe und werden entweder von dem Lurch ausgewürgt oder, im schlimmeren Fall, geschluckt. In feuchten Nächten, besonders nach einem warmen Regenfall, der den Boden zum Dampfen bringt, findet man den für unsere Tiere genießbaren Regenwurm. Die Würmer liegen dann zu Hunderten auf den Rasenflächen, was zum Einsammeln mit der Taschenlampe einlädt. Somit hat man die Möglichkeit einen reichlichen Vorrat anzuschaffen. Um eine größere Anzahl von Würmern für längere Zeit aufzubewahren, füllt man einen Behälter, der die Maße 30 x 30 x 60 cm haben sollte und oben für die Hand gut zugänglich sein muß, mit lockerer Laubwalderde. Die Erde soll gut feucht aber nicht naß sein. Um stauende Nässe zu verhindern, schafft man durch feine Löcher am Boden des Behälters eine Drainage. Auf die Oberfläche dieser Füllung, die schon die Würmer enthält, wird ein feuchter Lappen gelegt. Darunter befinden sich immer Würmer, die sofort verfüttert werden können. Um diese Nahrungsquelle für die Pfleglinge wertvoll zu erhalten, bringt man organische Küchenabfälle ohne Reizstoffe in den Behälter.

Rohes Fleisch, z. B. Rinderherz oder Hackfleisch ist ein Futter, das durch „Impfen" mit Präparaten das Verabreichen von Vitaminen und Arzneien erleichtert. Man muß allerdings das mundgerecht zugeschnittene Fleischstückchen bewegen, um den Pflegling zum Zupacken zu veranlassen.

Tubifex eignet sich nur bedingt zum Verfüttern an Schwanzlurche. Allerdings sollte die Portion, die im Augenblick gefüttert wird, vorher unter einem starken Strahl kalten Wassers gehalten werden, so daß die Würmer, die sich in einem Gefäß befinden, durcheinander wirbeln. Ist das Gefäß mit Wasser gefüllt, wartet man, bis sich die gesunden Würmer am Boden abgesetzt haben (rote oder braune Würmer sind gesund, weißliche schlecht) und gießt dann das mit verbleibenden Schwebeteilen und weißen Würmern gesättigte Wasser vorsichtig aus. Diesen Vorgang sollte man ein- bis zweimal wiederholen. Dann erst hat man die Gewißheit, daß der Schwanzlurch die Tubifex ohne Zögern annimmt. Ein Universalfutter sind diese Röhrenwürmer wegen ihrer Krankheitskeime jedoch nicht.

Wasserflöhe werden nicht selten in Zoogeschäften als Fischfutter für Zierfische angeboten. Auch die wasserlebenden Schwanzlurche verachten dieses Futter nicht. Beim Verfüttern sollte man allerdings nicht zuviel davon in das Aquarium oder Aqua-Terrarium geben. Wasserflöhe benötigen relativ sauerstoffreiches Wasser und gehen bei einer zu dichten Konzentration ihrer Art in einem nicht durchlüfteten Behälter ein. Die toten Tiere werden von den Molchen nicht aufgenommen. So kommt es ganz notgedrungen zu übelriechenden Fäulnisprozessen, die man verhindern muß. Man braucht nicht unbedingt in den Geldbeutel zu greifen, wenn man diese Tiere verfüttern will. Besonders in fischfreien, der Sonne ausgesetzten Gewässern, die kaum Pflanzen aufweisen, kann man ganze Wolken dieser Tiere im Wasser schwimmen sehen. Oft hat man dann mit einem Kescherzug den Bedarf für längere Zeit im Netz. Der Transport nach Hause darf niemals in zu kleinen Behältern oder zu wenig Wasser erfolgen. Gute Dienste leistet hier ein Plastikeimer mit wasserdicht abschließendem Deckel, um ein Überschwappen des Inhalts zu vermeiden. Der Eimer darf nicht in der Sonne stehen, da sich das Wasser sonst zu sehr erwärmt und der Sauerstoffgehalt zu sinken beginnt. Als zusätzliche Absicherung kann man in die Mitte des Eimerdeckels ein Loch in der Größe des Durchmessers bohren, die ein Durchlüfterschlauch einer Aquarienpumpe hat. Ein solcher Schlauch mit einem Durchlüfterstein am unteren Ende führt man dann durch das gebohrte Loch und schließt am aus dem Eimerdeckel nach außen tretenden Schlauchende eine batteriebetriebene Durchlüfterpumpe an. Eine solche Durchlüfterpumpe wird von Anglern benutzt, um Köderfische am Leben zu erhalten und wird darum in Sportangelgeschäften zu erhalten sein.

Das wäre nun das Wichtigste, das sich zum Anfang sagen läßt. Bevor wir jedoch auf die systematische Artenbeschreibung eingehen, müssen wir noch auf die Jungtierhaltung zu sprechen kommen, denn dieses Problem stellt sich jedem Urodelenhalter, der seinen Tieren einigermaßen gute Bedingungen bietet.

Jungtierzucht

Zu Beginn wollen wir der Reihe nach den Entwicklungsablauf vom Ei zum Jungtier mit seinen besonderen Ansprüchen durchgehen.

Sobald man an einem Pflanzenteil oder Gegenstand ein Ei angeheftet findet, nimmt man die ganze Pflanze oder das Ablaichobjekt heraus und legt es in ein extra für diesen Zweck mit Wasser gefülltes Gefäß. Das Entfernen des Ablaichobjektes ist aus Gründen der Freßlust der Alttiere notwendig, da diese eine besondere Vorliebe für die Eier entwickeln. Außerdem ist es notwendig, im Falle einer Pflanzenablaichung die gesamte Pflanze in das separate Gefäß überzuführen, da die sauerstoffzuführende Wirkung einer Pflanze positiv auf das Ei einwirkt. Hierbei sei noch angemerkt, daß ein Gefäß mit niedrigen Wänden vorteilhafter ist als ein Marmeladenglas, da dann die ultravioletten Strahlen die durch das Glas absorbiert würden, an das Ei gelangen können. Aus diesem Grunde sollte man auch das Gefäß am Tag ins Freie stellen, jedoch nie der vollen Sonnenbestrahlung aussetzen. Nun wird sich mancher fragen, wozu die ultravioletten Strahlen gut sein sollen. Sie sind Beschützer vor dem größten Feind der Schwanzlurcheier überhaupt — dem Saprolegniapilz. Hat sich dieser Pilz einmal im Ei festgesetzt, so ist es hoffnungslos verloren. Befindet sich ein von diesem Pilz befallenes Ei in einem Aufzuchtgefäß, in dem mehrere Eier sind, so ist das erkrankte sofort zu entfernen, um die anderen nicht auch zu infizieren.

Ein von diesem Pilz befallenes Ei erkennt man am besten an der Trübung der sonst durchsichtigen äußeren Gallerthülle. Im fortgeschrittenen Stadium weist die Hülle strahlenförmig ausgehende Härchen auf. Das Ei, das man tagsüber in einem Gefäß im Freien hatte, stellt man am Abend wieder in die Wohnung zurück, um die Entwicklung des Eies nicht durch zu starke Abkühlung zu behindern.

Schon nach etwa sechs Stunden kann man mit einer Lupe bei einem frisch abgelegten Ei die Anfänge der Zellteilung erkennen. Aus einer Zelle werden zwei, aus zwei werden vier usw. Nach jeder Teilung verdoppelt sich die Anzahl der bisher vorhandenen Zellen, jedoch ohne daß der Gesamtkomplex sich vergrößert. Daraus resultiert, daß nach jeder Teilung die Zellen immer kleiner werden, bis sie auch schließlich mit einer Lupe nicht mehr erkennbar sind. Die Entwicklung verläuft nun so schnell, daß der Keim nach etwa sieben Tagen schon zum Keimling geworden ist und seine spätere Larvengestalt erkennen läßt. Die Entwicklung im Ei ist nach zwei bis fünf Wochen beendet und die junge Larve durchbricht ihre Eihülle. Die neugeschlüpfte Larve besitzt im Gegensatz zu ihren schon älteren Artgenossen zwei stäbchenförmige Haftorgane und in der Bauchregion einen Dottervorrat. Erstere sind sehr wichtig, da die Gliedmaßen und Fortbewegungsmittel noch nicht voll funktionsfähig sind. So hängt sich die junge Larve also an ein Blatt oder einen Pflanzenstengel und macht mittels des Dottervorrats, der ihr die Nahrungssuche erspart, eine Nachentwicklung durch.

Nach wenigen Tagen aber, wenn sie sich gestärkt hat und der Dottervorrat aufgebraucht ist, geht sie auf Jagd. Von diesem Zeitpunkt an ist es unerläßlich, geeignetes Futter heranzuschaffen. Am besten ist es, man bringt die Futtertiere schon in das Aufzuchtgefäß, bevor die Larven mit dem Räuberleben beginnen, da sie bei plötzlichem Futtermangel über die eigenen Artgenossen herfallen und ihnen Teile der Büschelkiemen, Schwänze und Gliedmaßen anfressen. Sollte dies trotz aller Vorsicht einmal vorkommen, so ist kein Grund zur Besorgnis vorhanden, da die Larven dank ihres enormen Regenerationsvermögens die verletzten Teile, auch wenn diese völlig fehlen, wieder nachbilden können.

Doch nun zum Futter selbst. Es besteht aus Wasserflöhen, Hüpferlingen usw., jedoch nur aus solchen, die relativ klein sind. Unter größeren Futtertieren könnten sich beispielsweise

Raubarten befinden, die für den Laien kaum erkennbar sind. So behandelt werden die Larven von Tag zu Tag sichtbar größer. Schließlich werden zuerst die Vorder- und dann die Hinterbeine ausgebildet. In diesem Stadium sollte man beginnen, den Wasserspiegel zu senken und ein Landteil zu schaffen. Zwar kann man zu dieser Zeit noch nicht mit einer Umwandlung zum Landtier rechnen, aber man sollte rechtzeitig für „natürliche Verhältnisse" sorgen. Die allgemein vertretene Ansicht, das Aufziehen junger Schwanzlurche der Gattung Triturus wäre problematisch, ist nicht zutreffend. Diese Meinung ist nur zutreffend für die Zeit nach der Umwandlung zum Landtier.

Für die Aufzucht von vier Jungtieren genügt schon ein Marmeladenglas. Dieses füllt man etwa 1 cm hoch mit durchnäßtem Torfmull auf. An einen beliebigen Fleck kann man ein paar kleine Kieselsteine, ein kantiges Holzstück oder ähnliches legen. Diese Gegenstände helfen den Jungtieren bei ihren häufigen Häutungen, da sie etwas brauchen, an dem sie sich die Haut herunterschaben können. Der feuchte Torf verhindert das Austrocknen der sehr empfindlichen Lurchhaut. Über die Glasöffnung sollte man auf alle Fälle ein Stück Gaze oder Vorhangstoff legen und es mit einem Gummi befestigen um ein Entweichen der manchmal äußerst lebhaften Tiere zu verhindern. Dies wäre die einfachste Art, eine erfolgreiche Aufzucht zu erzielen. Es können natürlich beliebig viele Einrichtungsgegenstände, die dem Biotop der Tiere entsprechen und naturbelassen sind, in das Aufzuchtterrarium eingeführt werden. So zum Beispiel dekorative Steine, Moose, Farne usw.

Eine weitere, vielleicht noch bessere Möglichkeit Jungtiere aufzuziehen, stellt das Tradescantienglas dar. Hier werden in den feuchten Torfboden Tradescantien gesteckt, die Öffnung des Glases wird luftdicht mit einer Glasscheibe abgedeckt. Die Tradescantien sorgen dabei für den notwendigen Sauerstoff, die Glasplatte für die notwendige Luftfeuchtigkeit.

Die Fütterung der Jungtiere macht ebenfalls keinerlei Schwierigkeiten, da die Tiere sehr gern Tubifex und rote Mückenlarven, die jedoch einzeln verabreicht werden sollten, annehmen. Gerade diese beiden Futtertiere sind leicht zu beschaffen, da sie häufig in Zoohandlungen als Lebendfutter für Zierfische angeboten werden. Vorrangig sollte man sämtliche Würmer, Maden und Mückenlarven in der Größenordnung von Tubifex verfüttern. Größeren Jungtieren wie beispielsweise von *Triturus cristatus cristatus* können selbstverständlich größere Portionen zugemutet werden.

Zuletzt möchte ich hier noch auf die Wichtigkeit von frischem Moos hinweisen wie auch auf eine stets ausreichende Luftfeuchtigkeit. Wird dies, wie auch das Entfernen jeglicher verwesender Stoffe, nicht beachtet, wird zum Teil tödlich ausgehenden Krankheiten Vorschub geleistet.

Bis hierher haben wir die wichtigsten Grundlagen der Urodelenhaltung. Nun ist es an der Zeit die einzelnen Arten und Unterarten mit ihren Ansprüchen zu besprechen. Zuvor ist es jedoch notwendig, ein wichtiges Thema zu diesem Punkt zu behandeln. Es betrifft die für den Laien meist unverständlichen lateinischen Artenbezeichnungen, die in der Wissenschaft ausschließlich benutzt werden.

Die wissenschaftliche Namengebung der einzelnen Tierformen wird von den Fachleuten vor allem deshalb benutzt, weil ein durch internationale Übereinkunft festgelegtes System dahintersteht. Jeder wissenschaftliche Tiername gliedert sich in einen Gattungsnamen und einen Artnamen. Als Beispiel nehmen wir hierzu unseren Alpensalamander. Der Gattungsname ist „Salamandra", der Artname „atra". Der Gattungsname „Salamandra" zeigt hiermit, daß der Alpensalamander mit dem Feuersalamander gattungsverwandt ist, da dieser ebenfalls den Namen „Salamandra" trägt. Es gibt jedoch Tierarten, die dreiteilige Namen besitzen. Der dritte Name ist der Unterart- oder Rassenname. Er besagt, daß eine Art (übereinstimmender Zweitname) in verschiedenen Gegenden ihres Areals unterscheidbare Unterarten ausgebildet hat, die sich jedoch bei einem Aufeinandertreffen uneingeschränkt fruchtbar miteinander kreuzen können. Wären diese Bastarde steril, dann müßten die Ausgangsformen bereits als verschiedene Arten bewertet werden, der Drittname müßte aufrücken und den Zweitnamen (Artname) ersetzen.

Entdeckt man, daß eine Art Unterarten ausbildet, so bezeichnet man die Ausgangspopulation, nach der die Art beschrieben wurde, als Nominatform. Der Drittname ist dann dem Zweitnamen gegenüber gleichlautend. Die übrigen, später gefundenen Unterarten erhalten dann neue, anderslautende Drittnamen. Als Beispiel hierzu nehmen wir den Kammolch. Die in Deutschland lebende Form wurde zuerst beschrieben und erhielt den Namen *Triturus cristatus*. Als jedoch die anderen Unterarten entdeckt wurden, kam der Drittname hinzu. Somit war die allein gültige Bezeichnung *Triturus cristatus cristatus*. Der Alpenkammolch erhielt den Namen *Triturus cristatus carnifex*, der Donaukammolch *Triturus cristatus dobrogicus* und die im Balkan vorkommende Unterart wurde mit *Triturus cristatus carelinii* bezeichnet.

Das Tierreich beherbergt Tiere, die eine Wirbelsäule oder eine knorpelige Rückenstütze besitzen, (Fische, Kriechtiere usw.) und solche, die keine Wirbelsäule haben (Würmer, Quallen usw.). Die Wirbelsäule und die knorpelige Rückenstütze wird in der Wissenschaft unter der Bezeichnung „Chorda dorsalis" zusammengefaßt. Chorda dorsalis bedeutet zu deutsch „Rückensaite". Hier war also eine Möglichkeit gegeben, eine erste Gliederung vorzunehmen, die Gliederung in wirbellose Tiere und in Chordatiere. Diese erste Gliederung wurde mit dem deutschen Namen Stamm benannt.

Die Schwanzlurche zählen zu den Chordatieren, bedingt durch ihre Wirbelsäule. Dieser Stamm wurde in Unterstämme gegliedert, der auch die Unterstämme Vertebrata (Wirbeltiere) und Tunicata (Manteltiere) enthält. Da unsere Schwanzlurche eine Wirbelsäule besitzen, reihte man sie zum Unterstamm Vertebrata (Wirbeltiere) ein. Die Unterstämme unterteilte man wieder in Überklassen. Hierbei berücksichtigte man beispielsweise das anatomische Merkmal der kieferlosen Tiere (Agnatha) und der kieferbesitzenden Tiere, die man Kiefertiere (Gnathostomata) nennt. Da unsere Schwanzlurche einen Kiefer besitzen, gehören sie zur Überklasse Gnathostomata. In den Überklassen kam es zu einer weiteren Unterteilung, man bildete mehrere Klassen, die zum Beispiel die Klasse Amphibia (Lurche) und Reptilia (Kriechtiere) beherbergen. Unsere Schwanzlurche werden, wie schon die zweite Silbe unseres deutschen Namen „Schwanzlurche" besagt, zu der Klasse Amphibia gezählt. Der Name Amphibia sagt uns weiterhin, daß Tiere dieser Klasse amphibisch, also im allgemeinen im Wasser wie auch auf dem Land leben. Daß dies nur bedingt stimmt, sieht man an unserem Feuersalamander. Jedoch kommt auch er nicht ohne Feuchtigkeit aus. Die Klassen unterteilte man wiederum in Unterklassen. Bei unserer Klasse Amphibia gibt es Unterklassen, die bereits vor Urzeiten ausgestorben sind, zum Beispiel die der Labyrinthzähner (Labyrinthodontia) und unter anderem unsere Unterklasse, die der Schwanzlurchartigen (Urodelomorpha). Nach der Unterklasse Urodelomorpha kommt nun die Ordnung Urodela (Schwanzlurche), die auch früher Caudata genannt wurde. In der Ordnung Urodela befinden sich also die Schwanzlurche der gesamten Erde. Diese Schwanzlurche haben jedoch in mancher Hinsicht oft verschiedene Entwicklungen durchgemacht. Da der Bauplan und der Entwicklungsplan dieser Tiere recht unterschiedlich ist, mußte man sie wiederum systematisch untergliedern, um so eine bessere Übersicht zu bekommen, man unterteilte sie in Unterordnungen, zum Beispiel in die Unterordnung Salamandroidea (Salamanderverwandte) und der Unterordnung Sirenoidea (Armmolche). Sehr augenfällig sind die Unterschiede bei vielen Unterordnungen nicht, sie sind eben anatomischer Natur. Jedoch kann der Geübte bei zumeist bloßem Hinsehen die Merkmale der jeweiligen Unterordnung am lebenden Exem-

Stamm Chordata (Chordatiere)

| **Unterstamm** | Weitere Unterstämme |
| Vertebrata (Wirbeltiere) | z. B. Tunicata (Manteltiere) |

Überklasse
Gnathostomata (Kiefertiere)

Weitere Überklassen
z. B. Agnatha (Kieferlose)

Klasse
Amphibia (Lurche)

Weitere Klassen
z. B. Reptilia (Kriechtiere)

Unterklasse
Urodelomorpha (Schwanz-
lurchartige)

Weitere Unterklassen
z. B. Labyrinthodontia (Labyrinthzähner) (ausgestorben)

Ordnung
Urodela (Schwanzlurche)

Weitere Ordnungen
z. B. Anura (Froschlurche)

Unterordnung
Salamandroidea (Salamanderverwandte)

Weitere Unterordnungen
z. B. Sirenoidea (Armmolche)

Familie
Salamandridae (Echte
Salamander und Molche)

Weitere Familien
z. B. Amphiumidae (Aalmolche)

Gattung
Salamandra

Weitere Gattungen
z. B. Triturus

Art
salamandra

Salamandra
salamandra
terrestris

Weitere Arten
z. B. atra

Unterart
terrestris

Weitere Unterarten
z. B. corsica

28

plar ohne weiteres einordnen und somit bestimmen, zu welcher Unterordnung das Tier gehört. Die Unterordnung Salamandroidea unterteilt sich weiterhin in drei noch existierende Familien, die Familie Salamandridae (echte Molche und Salamander), sie ist in Europa am stärksten vertreten, und in die beiden weiteren Familien Proteidae und Amphiumidae, die ihre larvalen Merkmale weitgehend behalten haben. Die Familie Salamandridae, zu der unser Feuersalamander gehört, unterteilt sich wieder in 15 Gattungen. Somit sind wir wieder bei den Gattungsnamen, die, wie schon beschrieben, den ersten Namensteil eines jeden Tieres bilden, in unserem Falle ist es der Name Salamandra. Zum besseren Verständnis dieser Systematik ein vereinfachtes Anschauungsbild am Beispiel *Salamandra salamandra terrestris* (Gebänderter Feuersalamander).

Systematische Artenbeschreibung

Die nun folgende Artenbeschreibung ist systematisch in der alphabetischen Reihenfolge der wissenschaftlichen Namen geordnet. Sie beschreibt alle zur Zeit bekannten Arten und Unterarten Europas.

Chioglossa lusitanica (Goldstreifensalamander) Foto 15

Verbreitungsgebiet: Nordwestspanien, Nord- und Mittelportugal. *Biotop:* Felsige bewaldete Gegenden, unter Moos, Felsblöcken und Steinen, in der Nähe von Bächen und Quellen. Ist im zeitigen Frühjahr im Wasser anzutreffen. *Größe:* 14 bis 15 cm. *Färbung:* Oberseite bräunlichschwarz mit zwei braunen, gelblichroten oder kupferglänzenden Längsbinden, die auf dem Schwanz zusammenstoßen. Unterseite einfarbig hellgraubraun. *Aussehen:* Äußerst langgestreckt, fast walzenförmig; Schwanz oft doppelt so lang wie Kopfrumpflänge, dreh-rund, jedoch dem Ende zu zusammengedrückt und scharf zu-gespitzt auslaufend. Das Männchen unterscheidet sich vom Weibchen durch einen Oberarmwulst, den dünneren Schwanz und die halbkugelig geformte Kloake. *Paarungsverhalten:* Die Paarungsspiele ähneln denen von *Salamandra salamandra*. *Brut- und Laichverhalten:* Die Eier werden einzeln an den Steinen in Bächen und Rinnsalen abgesetzt. Die Larven er-reichen im allgemeinen vor der Umwandlung eine Größe von 40 bis 45 mm. *Terrarieneinrichtung:* Terrarium mit Wasser-teil. 80 % Land, 20 % Wasser. Landteil mit Steinplatten und Höhlen. Der Wasserstand kann bis zu 20 cm betragen, jedoch ist es auch notwendig flachere Stellen zu schaffen. Die Tem-peratur muß konstant auf 15 bis 20° gehalten werden. Kein direktes Sonnenlicht einfallen lassen. Winterruhe ist notwen-dig, dazu werden Temperaturen um 0° benötigt. Ein wesent-lich stärkeres Absinken sollte man verhindern. Beim Anfas-sen der Tiere ist Vorsicht geboten, da sie bei Gefahr den Schwanz abwerfen können. *Futter:* Weichschalige Insekten. *Besondere Ansprüche:* Auf unbedingte Sauberkeit achten. *Lebensweise:* Im Frühjahr im Wasser, dann Sommerruhe, die an Land erfolgt, im Herbst ebenfalls an Land, dann Winter-ruhe. *Eignet sich für erfahrene Pfleger.*

Euproctus asper asper (Pyrenäen-Gebirgsmolch) Foto 13

Verbreitungsgebiet: Pyrenäen, die Art konzentriert sich jedoch hauptsächlich von der Atlantikseite bis in die Zentralpyrenäen. *Biotop:* Lebt in kühlen Bergbächen, ist aber auch an Land an-zutreffen. *Größe:* 10 bis 16 cm. *Färbung:* Oberseite grau bis grünlichschwarz, meistens mit zitronengelbem, unterbrochenem Rücken- und Schwanzstreifen, oft auch mit unregelmäßig ver-streuten, gelben Flecken. Unterseite mit gelber bis orangefar-bener Mittelzone, die oft gefleckt ist. *Aussehen:* Körperform schlank und sehnig, Männchen mit muskulösem, zusammen-gedrückten Schwanz, der beim Weibchen nicht so breit ist.

Das Männchen besitzt stark ausgebildete Beine, die zur Brunftzeit mit Schwielen an Fingern und Zehen besetzt sind. Diese Art besitzt eine auffallend rauhe Haut. *Brut- und Laichverhalten:* Die Eier werden von den Weibchen einzeln in die Spalten und Ritzen, von im Wasser liegendem Gestein der Gebirgsbäche hineingelegt. *Paarungsverhalten:* Die Paarungszeit beginnt im zeitigen Frühjahr, oft wenn das Wasser noch keine +10° C hat. Im Verlaufe der Paarung wird das Weibchen mit dem muskulösen Schwanz des Männchens und mit einem Hinterbein festgehalten. Dabei streichelt das Männchen mit dem freien Hinterbein die Kloake des Weibchens, wozu das Männchen seine Schwielen benutzt. Ist dieser Teil der Paarung beendet, erfolgt ein Streicheln in Kopfschwanzrichtung und kurz darauf das Austreten des Samenstifts, der dann ohne Umweg in die weibliche Kloake gelangt. *Terrarieneinrichtung:* Diese Art stellt einen Gebirgsbachbewohner dar. Deshalb sollte der Wasserstand höchstens 16 cm betragen. Es ist ratsam, ein reines Aquarium mit grobem Bodengrund (größeren Kieseln), moosbedeckten Steininseln und ohne Wasserpflanzen einzurichten. Die Temperatur sollte +18° C nicht übersteigen. *Futter:* Wasserflöhe, Bachflohkrebse, Regenwürmer und Tubifex. *Besondere Ansprüche:* Das Wasser sollte immer frisch sein und muß deswegen häufiger als üblich gewechselt werden. Ebenso muß das Moos bei nachlassender Frische ausgewechselt werden. *Lebensweise:* Lebt hauptsächlich im Wasser. *Eignet sich für erfahrene Pfleger.*

Euproctus asper castelmouliensis
Verbreitungsgebiet: Zentralpyrenäen (Gegend bei Bagnéres de Bigorre). *Färbung:* Unterscheidet sich von der Nominatform durch den schöner ausgebildeten Rückenstreifen. Weiteres siehe *Euproctus asper asper.*

Euproctus montanus (Korsischer Gebirgsmolch) Foto 14
Verbreitungsgebiet: Korsika. *Biotop:* Zur Brunftzeit sind die Tiere in den Bächen unter flach aufliegenden Steinen, aber

auch frei in tiefen Gumpen anzutreffen. Ansonsten findet man die Tiere an Land unter Steinen, Fallholz und Wurzeln. *Größe:* 8 bis 12 cm. *Färbung:* Die Oberseite ist goldbronze, bronzebraun, hellbraun, dunkelbraun, schwarzbraun, grün, teils marmoriert mit Farbabstufungen von dunkel- bis hellgrün, auf dunklem Untergrund gefärbt. Oft ist über dem Rücken eine gelbbraune Mittellinie zu sehen. Die Unterseite ist bräunlich bis grau, auf deren Grundierung sich manchmal weiße Sprenkel oder dunkle Flecken befinden. *Aussehen:* Schlanke Körperform, Hinterbeine der Männchen mit Unterschenkelsporn versehen, Schwanz ist erst im letzten Drittel zusammengedrückt. Die Hautstruktur ist wesentlich feiner als bei *Euproctus asper*. *Brut- und Laichverhalten:* Die Eier werden von den Weibchen einzeln an Steine geheftet. Die Larven haben eine schlanke Körperform. Ihr Kopf ist eckig, mit einer abgerundeten Schnauze. Ihre Entwicklung vollzieht sich wie bei den Eiern im Wasser. Die umgewandelten Jungtiere legen die gelbbraune Larvenfärbung ab und sind dann oft grün bis braungrün auf dunklem Untergrund marmoriert. Über die Rückenmitte zieht sich dann ein orange- bis braunroter Streifen. Der Biotop dieser Jungtiere sind in erster Linie morsche Baumstümpfe. *Paarungsverhalten:* Im zeitigen Frühjahr bis in den Frühsommer hinein werden die Paarungsspiele in den noch kalten Bächen vor allen Dingen in den Gebirgen abgehalten. Dabei umklammert das Männchen das Weibchen mit dem Schwanz, um es gleichzeitig mit seinen starken, spornbewehrten Hinterbeinen in eine unentrinnbare Klammer zu nehmen. Außerdem beißt sich das Männchen beim Weibchen im Schwanz oder anderen Körperteilen fest, so daß das Weibchen Narben davontragen kann. *Terrarieneinrichtung:* Siehe *Euproctus asper asper*. Der Wasserstand sollte jedoch erheblich niedriger, höchstens bis 5 cm, gehalten werden. *Futter:* Weichschalige Insekten und deren Maden, Bachflohkrebse, zum Teil auch Regenwürmer und Tubifex. *Besondere Ansprüche:* Diese Art ist äußerst empfindlich gegen Temperaturschwankungen.

Man sollte sie überhaupt recht kühl halten (ca. +15° C). Im Sommer benötigen sie zur Ruhepause ein Landteil mit Moos und lockerem, feuchtem Boden. Man sollte allerdings auch in dieser Zeit nicht auf ein Wasserteil verzichten. Diese Tiere sind auch in ihrer Futterauswahl sehr wählerisch und verlangen nach steter Abwechslung. In Gefangenschaft lebt der Korsische Gebirgsmolch nicht sehr lange. *Lebensweise:* Siehe *Euproctus asper asper*, jedoch auf Sommerruhe achten. *Eignet sich für erfahrene Pfleger.*

Euproctus platycephalus (Hechtkopfmolch)
(früher *Euproctus rusconi*)

Verbreitungsgebiet: Nord- und Zentralsardinien. *Biotop:* Gebirgsbewohner, der bis in Höhen um 1800 m anzutreffen ist. Diese Art hält sich in den kalten Gebirgsbächen auf, wo man sie an den langsam fließenden Stellen finden kann. Gelegentlich findet man auch Tiere, die sich an das Höhlenleben gewöhnt haben. *Größe:* 11 bis 14 cm. *Färbung:* Die Oberseite ist hell- bis dunkelbraun oder auch olivfarben. Über die Rückenmitte zieht sich zumeist eine gelbe bis gelblichbraune Längslinie. Auf dieser Oberseitengrundierung befinden sich kastanien- bis nußbraune Flecken, die auch zu Marmorierungen zusammenfließen können. Die Unterseite ist gelblich bis weißlich und beim Männchen mit zahlreichen Tüpfeln bedeckt, die beim Weibchen fast verschwinden. Seltene Farbvarianten sind rötliche oder rostrote Exemplare, mit rotbraunen und schwarzen Flecken. Höhlenbewohnende Tiere sind sehr hell gefärbt. *Aussehen:* Schlanke Körperform, flacher Kopf, der Schwanz ist mindestens so lang wie der Rumpf. Die Männchen sind mit einer spornartigen Verbreiterung am Unterschenkel ausgestattet. *Brut- und Laichverhalten:* Die Eier werden einzeln abgelegt. Das Entwickeln der Larven findet im Wasser statt. *Paarungsverhalten:* Die Zeit der Paarung fällt in das zeitige Frühjahr. Sie wird unter Wasser vollzogen. Dabei befindet sich das Männchen unter dem Weibchen. Das Männchen umklammert dabei das Weibchen vor den Hinterbeinen mit dem Schwanz, so daß das Weibchen auf dem Rücken des Männchens Kopf über Kopf zu liegen kommt. *Terrarieneinrichtung:* Siehe *Euproctus asper asper,* jedoch Wasserstand nur bis 2 cm. *Futter:* Wie bei *Euproctus montanus. Besondere Ansprüche:* Siehe *Euproctus montanus. Lebensweise:* Siehe *Euproctus montanus. Eignet sich für erfahrene Pfleger.*

Hydromantes genei genei (Brauner Höhlensalamander)
(früher *Spelerpes fuscus*)

Verbreitungsgebiet: Südwestsardinien. *Biotop:* Diese Art ist sehr feuchtigkeitsliebend, meidet jedoch das Wasser. Die Tiere kommen in Grotten, Höhlen, Felsspalten und Klüften mit relativ hoher Luftfeuchtigkeit vor. *Größe:* 9 bis 11 cm. *Färbung:* Oberseite dunkelrotbraun, mit teilweiser gelblicher Pigmentierung, Unterseite weißlich bis gelblich mit feiner bräunlicher Sprenkelung. *Aussehen:* Zeichnet sich durch den großen Kopf mit seiner breitabgestutzten Schnauze und seinen großen schwarzen Augen aus. Der Rumpf ist als kurz und gedrungen zu bezeichnen. Zwischen den Zehen befinden sich Spannhäute. Der Schwanz ist kurz und drehrund. *Brut- und Laichverhalten:* Legt Eier ab, wurde früher fälschlicherweise als lebendgebärend beschrieben. *Paarungsverhalten:* Das Weibchen zeigt durch Schwanzwedeln die Zuneigung zum Männchen, das durch eine flache Unterkieferdrüse zu unterscheiden ist, an. Danach berührt das Männchen mit seinem Kopf Körperteile des Weibchens, wobei das Weibchen schließlich ein Stück nach vorne kriecht. Sobald dies geschehen ist, klettert das Männchen auf den Rücken des Weibchens, so daß der Kopf des Weibchens direkt unter dem Kopf des Männchens liegt. Dabei umfaßt das Männchen mit seinen Vorderbeinen den Körper des Weibchens an den Ansatzstellen der Vorderbeine. So schmiegen sich die beiden Körper dicht an, wobei die Schwänze hin- und herbewegt werden. Nach einigen Minuten kann ein Absprung des Männchens erfolgen. Dann kriecht das Weibchen wieder vorwärts, um abermals vom Männchen bestiegen zu werden. Dieser Vorgang kann sich mehrere Male wiederholen, bis die Befruchtung erfolgt. Die bevorzugte Paarungszeit ist im Winter und zieht sich bis weit in den Frühling hinein. *Terrarieneinrichtung:* Terrarium mit Steinplatten, die genug Höhlen bilden sollten, um Unterschlupf zu bieten. Als pflanzliche Einrichtungsgegenstände können Moose verwendet werden. Die Tiere sollte man unbedingt feucht halten, allerdings muß man Wasseransammlungen vermeiden. Die Temperatur sollte $+17°$ C keinesfalls überschreiten. *Futter:* Enchyträen, Tubifex, Fliegen, Käfer, Spinnen, Asseln und kleinere Nacktschnecken. *Besondere Ansprüche:* Auf keinen Fall Ameisen verfüttern, da das zum Tode führen kann! *Lebensweise:* Lebt ohne Ausnahme auf dem Land. *Eignet sich für erfahrene Pfleger.*

Hydromantes genei flavus

Verbreitungsgebiet: Mittelostsardinien. *Färbung:* Oberseite rötlichbraun über hellviolett bis dunkelbraun, aber auch Tiere mit rötlichbrauner Grundfarbe zum Teil graubraun, Tiere mit dunkelbrauner Grundfarbe teilweise schwarzbraun gefleckt. Manchmal kommt auf der gesamten Oberfläche eine gelb- bis olivgrüne Fleckung vor, die sich auch auf die Seiten beschränken kann. Die Unterseite ist gelblich bis weiß gefärbt und zeigt gelegentlich eine feine bräunliche Sprenkelung. *Aussehen:* Diese Unterart wirkt etwas untersetzter als die Nominatform. *Weiteres:* Siehe *Hydromantes genei genei.*

Hydromantes genei funereus

Verbreitungsgebiet: Mittleres bis mittelöstliches Sardinien. *Färbung:* Die Oberseite ist dunkelbraunrot und spärlich mit gelbweißen, unregelmäßig geformten Flecken durchsetzt. Die Anordnung dieser Flecken, wie auch der Verdunklungsgrad der Grundfarbe, ist sehr variabel. Die Unterseite ist weiß bis rötlich mit einer starken, braunen Sprenkelung. *Aussehen:* Die

Gliedmaßen dieser Unterart sind länger als bei der Nominatform. *Sonstiges:* Strömt einen scharfen, aromatischen Geruch aus. *Weiteres:* Siehe *Hydromantes genei genei.*

Hydromantes genei imperalis

Verbreitungsgebiet: Südostsardinien. *Färbung:* Die Oberseite ist dunkelbraunrot gefärbt. Auf dieser Grundierung erscheint eine weißliche bis gelbliche Pigmentierung, die große, unregelmäßig umrandete Flächen einnimmt. Dadurch erscheinen die Rücken- und Flankenseiten grob marmoriert. Die Unterseite ist rötlichweiß und unpigmentiert. *Aussehen:* Der Schwanz ist bei dieser Unterart länger als bei der Nominatform. *Sonstiges:* Strömt einen scharfen, aromatischen Geruch aus. *Weiteres:* Siehe *Hydromantes genei genei.*

Hydromantes italicus italicus (Italienischer Höhlensalamander)

Verbreitungsgebiet: Apenninen. (Nördliche Grenze ist die Linie Bologna — Pistoia, südliche Grenze Aquila). *Größe:* Bis 10 cm. *Färbung:* Oberseite schwärzlich bis braun, aber auch gelblich. Diese Grundierung ist metallisch überpudert und weist eine Fleckenzeichnung auf. *Aussehen:* Als Unterscheidungsmerkmal gegenüber den Unterarten ist am deutlichsten erkennbar die Fußlänge im Verhältnis zur Kopfrumpflänge. Bei der hier behandelten Nominatform beträgt sie 10,8 bis 13 %. Das gestaltliche Aussehen ist mit *Hydromantes genei genei* zu vergleichen. *Sonstiges:* Da *Hydromantes italicus* ein Höhlentier ist, konnten sich im Laufe der Entwicklung in isolierten Höhlen eigene Unterarten entwickeln. Neuerdings wurden von dem Italiener Silvio BRUNO drei weitere Unterarten festgestellt, die zwar aufgeführt werden, jedoch ohne Unterscheidungsmerkmale im Bezug auf die anderen Unterarten, da diese Fakten noch nicht hundertprozentig bekannt sind. *Weiteres:* Siehe *Hydromantes genei genei.*

Hydromantes italicus ambrosii

Verbreitungsgebiet: Südöstliches Ligurien (gebietlich stark begrenzt). *Aussehen:* Fußlänge 11,9 bis 13,7 %. *Weiteres:* Siehe *Hydromantes italicus italicus.*

Hydromantes italicus argentatus

Verbreitungsgebiet: Mittelwestliches Ligurien (gebietlich stark begrenzt). *Weiteres:* Siehe *Hydromantes italicus italicus.*

Hydromantes italicus bonzanoi

Verbreitungsgebiet: Westliches Ligurien (gebietlich stark begrenzt). *Weiteres:* Siehe *Hydromantes italicus italicus.*

Hydromantes italicus gormani Foto 6

Verbreitungsgebiet: Ligurische Alpen, Teile der nordwestlichen Apenninen, Apuanische Alpen. *Färbung:* Die Oberseite ist hell bis gelbbraun, die Seiten dunkelbraun und die Unterseite hell gefärbt. *Aussehen:* Die Fußlänge beträgt 9,6 bis 13,1 %. *Weiteres:* Siehe *Hydromantes italicus italicus.*

Hydromantes italicus ligusticus

Verbreitungsgebiet: Mittleres Ligurien (gebietlich stark begrenzt). *Weiteres:* Siehe *Hydromantes italicus italicus.*

Hydromantes italicus strinatii

Verbreitungsgebiet: Östliche, französische Seealpen (Gegend um Nizza). *Größe:* 9 bis 10 cm. *Färbung:* Die Oberseite ist sehr variabel coloriert. Ihre Grundfarbe besteht aus einer schwarzbraunen Färbung, die mit einem olivgrünen Hauch überzogen ist. Über den gesamten Körper, vorzugsweise jedoch im hinteren Bereich, befinden sich große, schmutziggelbe Flecken. Manchmal befinden sich auch auf den Flanken vertikal angeordnete Bänder. *Aussehen:* Zeichnet sich durch besonders große Füße aus (Fußlänge 13,1 bis 13,8 %). *Weiteres:* Siehe *Hydromantes italicus italicus.*

Hynobius keyserlingii (Sibirischer Winkelzahnmolch)

Verbreitungsgebiet: Diese Art kommt in Europa nur westlich des Urals bis zum 44 Längengrad vor. *Biotop:* Seichte, sumpfige Wiesen, unter Moos oder modernden Stämmen, meist in der Nähe der Laichgewässer. *Größe:* Bis 13 cm. *Färbung:* Die Oberseite ist olivbräunlich und zeigt einen schwarzen Rückenstreifen, der gold- bis bronzeschimmernd begrenzt ist. Die Seiten sind vom Kopf bis Schwanz schwärzlich marmoriert, der untere Flankenteil zeigt eine weiße Punktierung. Die Unterseitenfärbung ist bei der Kehle fleischfarben und setzt sich im weiteren Verlauf mit einer grauen Grundierung fort, auf der eine geringe Tüpfelung zu sehen ist. *Aussehen:* Normale, kräftige Körperform. Der Rumpf besitzt dreizehn bis fünfzehn Rippenfurchen. Der Schwanz ist rundlich und an der Spitze zusammengedrückt, sowie oben mit einem Kiel versehen. Die Füße besitzen nur vier Zehen. *Brut- und Laichverhalten:* Beim Ablaichen werden 50 bis 60 Eier in einem ca. 15 cm langen Gallertsäckchen so über dem Wasser an Uferpflanzen aufgehängt, daß das untere Ende des Säckchens ins Wasser reicht. Die Larven schlüpfen nach 14 bis 23 Tagen aus. *Paarungsverhalten:* Die Befruchtung, zu der kein Körperkontakt gesucht wird, findet schon im zeitigen Frühjahr statt. Es ist selbst schon bei der Schneeschmelze beobachtet worden, daß bei nur drei Grad plus die Tiere sich fortpflanzten. Die Brunftzeit umfaßt zwei Wochen. Gelegentlich erfolgt im Herbst eine zweite Befruchtung mit anschließendem Ablaichen. *Sonstiges:* Diese Art ist außerordentlich widerstandsfähig gegen Kälte. So wußten russische Wissenschaftler Mitte der siebziger Jahre von einem Fund dieser Art zu berichten, der als außergewöhnlich anzusehen ist. Man fand ein Tier in elf Meter tiefen Ablagerungen des sibirischen Dauerfrostbodens. Es war dort in einer Eislinse eingefroren. Man brach das Tier heraus, taute es auf und es fing an sich tatsächlich zu bewegen. Nach einer gewissen Zeit entwickelte der Winkelzahnmolch wieder Appetit und lebte dann noch ein halbes Jahr, bis man ihn zur Radiokarbonuntersuchung tötete. Mittels dieser Untersuchung konnte man das Alter dieses im Kälteschlaf aufgefundenen Schwanzlurches bestimmen. Man erlebte wieder eine neue Überraschung, denn die Untersuchungen ergaben, daß das Tier zwischen 75 und 105 Jahre alt war und somit einem jahrzehntelangen Kälteschlaf hinter sich gebracht hatte. *Terrarieneinrichtung:* Zur Haltung wird ein Aqua-Terrarium benötigt. Das Landteil sollte mit Moos, Holz- und Rindenstücken dekoriert werden. Das Wasserteil darf nicht zu tief sein und hat mit vier Zentimetern den richtigen Wasserspiegel. Die Tiere muß man unbedingt kühl halten. Die Temperaturen sollten möglichst nicht über +20° C gehen. *Futter:* Regenwürmer, Mehlwürmer, Nacktschnecken, Fliegenmaden. *Besondere Ansprüche:* Der Behälterstandort sollte an einem nicht zu hellen Ort sein. *Lebensweise:* Teils im Wasser, teils an Land. Die Tiere benötigen unbedingt eine Winterruhe, bei der Temperaturen um 0° C angebracht sind. *Eignet sich für erfahrene Pfleger.*

Mertensiella luschani helverseni (Ägäischer Salamander)

Verbreitungsgebiet: Inseln Karpathos, Kasos und Sarica. *Biotop:* Meist in feuchten Waldgebieten, jedoch auch an trockenen Stellen am Boden liegenden Gegenständen. Allgemein findet man die Salamander mehr in der Nähe der Bergbäche. Häufig sind diese Schwanzlurche auch in durchnäßtem Geröll zu finden. *Größe:* Bis 13 cm. *Färbung:* Oberseite mit dunkler Grundierung, auf der zahlreiche kleine Flecken verteilt sind. *Aussehen:* Schlanke Körperform, Kopf mit hervortretenden Augen. Die Männchen haben über der Schwanzwurzel einen Höcker. *Brut- und Laichverhalten:* Soll nach neueren Berichten lebendgebärend sein. Dies bleibt jedoch fraglich, da die anderen Unterarten des türkischen Festlandes durchweg eierlegende Individuen sind. Eventuell wurde im fraglichen Fall ein Ausnahmefall beobachtet und beschrieben. *Paarungsverhalten:* Über die Paarung selbst ist nur wenig bekannt. Es steht lediglich fest, daß das

Männchen dabei seinen Schwanzwurzelhöcker benützt. *Terrarieneinrichtung:* Das Terrarium sollte zwar feucht aber auf keinen Fall naß sein. Die Bodenfüllung besteht aus Humus, auf ihm werden Steinplatten so aufgelegt, daß sich Höhlen von geringer Höhe bilden. Ein Wasserteil sollte nicht fehlen. Dabei ist lediglich zu beachten, daß es von allen Seiten gut begehbar sein muß. *Futter:* Regenwürmer, Wasserflöhe, Fliegen. *Besondere Ansprüche:* Auf unbedingte Sauberkeit achten. *Lebensweise:* Ist zumeist nur an Land zu finden. Von Mitte April bis in den Spätherbst wird eine Sommerruhe gehalten. *Eignet sich für erfahrene Pfleger.*

Pleurodeles waltl (Spanischer Rippenmolch) Foto 16

Verbreitungsgebiet: Iberische Halbinsel 'mit Ausnahme der nordöstlichen Gebiete. *Biotop:* Lebt in Zisternen, Tümpeln und Teichen, die er nur selten zu einem Landgang verläßt. Außerdem trifft man ihn auch teilweise in den Mauerritzen der Staumauern von großen Stauseen an. *Größe:* 20 bis 25 cm, auch bis 30 cm groß werdend. *Färbung:* Die Oberseite der Tiere ist schmutzig ockergelb oder olivgrün gefärbt. Zur Fortpflanzungszeit zeigt das Männchen mehr rote, das Weibchen eher braune Farbtöne. Die Grundfarbe dunkelt im Alter nach. Die beidseitig auf dem Rücken befindlichen Rippenhöcker sind ebenfalls wie der untere Schwanzsaum gelborange gefärbt, können allerdings in der Farbgebung zu braunen oder roten Farbtönen tendieren. Die Unterseite ist gefärbt und wird von dunklen, unregelmäßigen Flecken belebt. *Aussehen:* Auffallend ist bei dieser Art der kräftige Körperbau. Der Kopf ist niedrig und abgeflacht und besitzt nur kleine Augen. An den Körperseiten befinden sich je eine Reihe Höcker, unter denen sich die Spitzen, der bei dieser Art nach oben gebogenen Rippen, befinden. Diese Rippenspitzen können sogar im Normalfalle aus der Haut hervorbrechen. Der Schwanz ist messerförmig zusammengedrückt und mit einem Hautsaum versehen. Das Männchen trägt einen längeren Schwanz. Zur Paarungszeit bilden sich an der Unterseite der Oberarme des Männchens Brunftschwielen. *Brut- und Laichverhalten:* Die Eier werden klumpen- oder traubenweise an Steinen oder Wasserpflanzen abgelaicht. Die Anzahl der abgelaichten Eier schwankt zwischen 200 bis 1000 Stück. Die Jungtiere werden teilweise schon nach einem halben Jahr geschlechtsreif. *Paarungsverhalten:* Die Paarung findet im Wasser statt. Dabei kriecht das Männchen unter das Weibchen und preßt seinen Kopf gegen ihre Kehle. Zeitweise werden von ihm reibende Bewegungen ausgeführt, um damit das Weibchen gefügig zu machen. Dann legt das Männchen seine hakenförmig nach hinten gekrümmten Vorderbeine über die des Weibchens. In dieser Klammer gefesselt verbringt das Weibchen Stunden, zum Teil sogar Tage, wo es dann vom Männchen herumgetragen wird. Am Anfang zeigt das Weibchen keine Zuneigung, es kann sogar sein, daß es seine Abneigung durch heftiges Sträuben bekundet. Ist es einem Weibchen gelungen sich zu befreien, preßt es seine Vorderbeine so fest gegen den Körper, daß das Männchen seine Umklammerung nicht mehr anbringen kann. Normalerweise zeigt sich das Weibchen doch entgegenkommend und berührt mit seiner Schnauze die Flanken des Männchens. Wenn das geschehen ist, wird ein Vorderbein des Weibchens freigelassen. Nun krümmt das Männchen seinen Körper derart, bis seine Kloake gegen die Schnauze des Weibchens gerichtet ist. Anschließend führt das Männchen das Weibchen in engen Kreisbewegungen herum, bis ihre Kloake den nun vom Männchen abgegebenen Samenträger aufnehmen kann. *Terrarieneinrichtung:* Meistens kann ein reines Aquarium mit Schwimminseln gegeben werden, da die Tiere fast immer aquatil sind. Der Wasserspiegel ist bei einer Höhe von 20 bis 25 cm nicht übertrieben und bietet den Tieren genügend Bewegungsfreiheit. Kommt das Tier jedoch an Land, dann sollte man ein Aqua-Terrarium mit weichem Boden und Versteckmöglichkeiten aus Steinen, Rinden und Holzstücken einrichten. Man gibt dann 50 % Land und 50 % Wasser, um den Rippenmolchen immer die Möglichkeit offenzulassen, wieder ins Wasser zurückzukehren. Im Wasserteil kann man schwimmende Elodea (Wasserpest) zum Ablaichen und als Stütze für die luftholenden Molche einbringen. Das Einpflanzen der Elodearanken hat wenig Zweck, da die robusten Tiere durch ihr manchmal ungestümes Wesen die Pflanzen bald wieder entwurzeln. Dieser Molch ist in puncto Temperaturen nicht so anspruchsvoll wie die meisten Arten. So kann man ihm beruhigt Temperaturen über +20° C zumuten, wobei man allerdings auch hier nicht übertreiben darf und die Obergrenze bei +25° C festlegen sollte. *Futter:* Regenwürmer, größere Insektenmaden, Mehlwürmer, Bachflohkrebse, rohes Fleisch und Heuschrecken. *Besondere Ansprüche:* Bei der Überwinterung sollten die Temperaturen im Bereich von +6 bis +8° C gehalten werden. *Lebensweise:* Sucht tiefes Wasser auf, das er nur gelegentlich verläßt. Manchmal gibt es auch sowohl rein aquatile, als auch rein terristrische Exemplare. *Für Anfänger geeignet.*

Proteus anguinus (Grottenolm)

Verbreitungsgebiet: Von Istrien und Westslowenien entlang der Küste bis zur nordwestlichen Herzegowina. *Biotop:* Kommt in Höhlengewässern vor, deren Temperatur +6 bis 10° C weder über- noch untersteigt. Hin und wieder verläßt er das Wasser, um in andere Gewässer zu gelangen. Das ist ihm aber nur bei der in den Höhlen vorherrschenden hohen Luftfeuchtigkeit und der entsprechenden Temperatur möglich. Vereinzelt wurden schon Tiere außerhalb ihrer Höhle im Wasser angetroffen. Es waren jedoch immer geschwächte Exemplare, die durch einen unterirdischen Flußlauf ans Tageslicht gerissen wurden. *Größe:* Bis 30 cm. *Färbung:* Da der gesamte Körper durch die unterirdische Lebensweise kaum oder gar keine Farbpigmentierung entwickeln kann, sind die Tiere als fleischfarben zu bezeichnen. Es gibt jedoch geringe Variationen, die sich ins hellgelbliche, rötliche oder gar ins violette bewegen.

Die Kiemen wirken ohne Ausnahme immer durch den durchscheinenden Blutfarbstoff rot. Manchmal sind außer der Grundfärbung noch gelbgraue oder rötlichgraue Punkte und Flecken auf dem Körper zu sehen. *Aussehen:* Körperform aalartig, die Gliedmaßenpaare sind weit auseinandergerückt. Die Beine sind zerbrechlich dünn im Verhältnis zum großen Körper, und besitzen vorne drei und hinten nur zwei schlecht ausgebildete Zehen. Der Kopf ist als schlank zu bezeichnen und läuft in eine breite Schnauze aus. An beiden Hinterkopfseiten befinden sich große Kiemenbüschel. Der Rumpf ist mit nicht sehr deutlichen Ringwülsten ausgestattet, und läuft nach hinten in einen mit Flossensäumen besetzten Schwanz aus, der kürzer als die Kopfrumpflänge ist. Als Folge der immerwährenden Dunkelheit wurden die Augen zurückgebildet und von der Körperhaut überwachsen. *Brut- und Laichverhalten:* Die Eier werden einzeln abgelegt und vom Weibchen bewacht. Ein Gelege umfaßt bis zu 70 Eier. Nach ca. drei bis vier Monaten schlüpfen die Larven bei einer Größe von etwa zwei Zentimetern aus. In diesem Stadium haben sie noch gut ausgebildete Augen. *Paarungsverhalten:* Nachdem das Männchen das Weibchen mit seiner breiten Schnauze ausgiebig abgetastet hat, beginnt er, in der Art der Wassermolche der Gattung Triturus, ihr mit seinem Schwanz Duftstoffe zuzuwedeln. Wenn das Weibchen paarungswillig ist, stößt es mit seiner Schnauze an die Kloake des Männchens. Das ist das Zeichen für das Männchen, um vor dem Weibchen ein Stück vorauszuwatscheln und einen Spermatophor abzusetzen. Das Weibchen kriecht über diesen Samenträger, der dann in der Nähe oder direkt in der Kloake haften bleibt. Die Männchen haben einen höheren Flossensaum und einen breit abgerundeten Schwanz, der bei den Weibchen schmal abgerundet ist. Außerdem ist die Kloake des Männchens stärker hervortretend. *Terrarieneinrichtung:* Diese Art ist als Pflegetier nicht sehr geeignet. Man sollte auch dann, wenn es einem gelingen würde, ein Tier zu bekommen, den Aspekt der immer krasser werdenden Artendezimierung durch

Liebhaber nicht außer acht lassen. Sollte man dennoch in den Besitz eines solchen Tieres kommen, so ist ein reines Aquarium mit einem mindestens zehn Zentimeter tiefen Bodengrund, der aus feinem Sand bestehen sollte, nötig. *Der Wasserspiegel* sollte nie über 40 Zentimeter Höhe haben. *Futter:* Tubifex, Wasserflöhe, Bachflohkrebse und Enchyträen. *Besondere Ansprüche:* Die Tiere sind gegen Chemikalien sehr empfindlich. Man sollte deshalb kein Leitungswasser benutzen, da schon Chlor und andere Chemikalien zugesetzt wurden. Wer die notwendige Temperatur, die schon angesprochen wurde, sowie ihre Konstantheit nicht gewährleisten kann, sollte dieses Tier nicht pflegen. Äußerste Grenze jedoch sind +15° C. Der Behälter muß unbedingt abgedunkelt werden oder an einem dunklen Standort stehen. *Lebensweise:* Aquatil. Kurze Landaufenthalte sind nur bei entsprechenden Temperaturen und Luftfeuchtigkeit möglich. Längere Landaufenthalte verlaufen unbedingt tödlich. *Nur für erfahrene und speziell interessierte Pfleger geeignet.*

Salamandra atra (Alpensalamander)

Verbreitungsgebiet: Gesamtes Alpengebiet, in Jugoslawien bis zum Fiumaner Karst und bis zur gebirgigen Westhälfte des Balkans vorkommend. Von den angezweifelten Populationen im Schwarzwald und der Schwäbischen Alb wurde neuerdings von Mitarbeitern des Naturkundemuseums Stuttgart die Albpopulation bestätigt. *Biotop:* Gebirgstier, das nur in Höhen von 600 bis 3000 m vorkommt. Dieser Salamander liebt feuchte Schluchten und die oft nebelgestreiften Waldränder der Gebirge. Hier ist er unter Steinen, Moos, Zwergsträuchern und Büschen zu finden. Er kommt nach warmen Regenfällen in Massen ans Tageslicht gekrochen und bewegt sich dort ohne Scheu. *Größe:* 12 bis 16 cm. *Färbung:* Tiefschwarz, ohne jegliche Flecken und Punkte. Selten kommen auch braune, noch seltener farblose Tiere vor. *Aussehen:* Der Alpensalamander besitzt eine ziemlich schlanke Körperform. Der Kopf wird von zwei stark ausgebildeten Parotiddrüsen hervorgehoben. Auf dem Rumpf befinden sich beidseitig eine Reihe hintereinander verlaufende Warzen. Der Schwanz hat eine geringere Länge als der Rumpf. Die Hautstruktur ist glatt und glänzend. *Brut- und Laichverhalten:* Dieser Salamander ist vollständig lebendgebärend. Pro Geburt werden zwei Junge zur Welt gebracht, die schon vollständig für das Landleben ausgebildet sind. Die Tragzeit von der Befruchtung bis zur Geburt, dauert zwei bis drei Jahre. Die Eientwicklung vollzieht sich im Mutterleib. Das Weibchen besitzt zwei Eileiter, in denen nach der Befruchtung je 20 Eier gelagert werden. Entgegen der Eientwicklung beim Feuersalamander beginnt sich hier nur jeweils das zuunterst liegende Ei zu entwickeln. Die darüber befindlichen weiteren neunzehn Eier zerfließen mit der Zeit und bilden dadurch eine Nährsubstanz. Ist nun der Keimling des untersten Eies geschlüpft, wird der Brei von ihm bis zur Geburt als Nahrung aufgenommen. So kann sich die Larve unabhängig von eigenen Dottervorräten entwickeln. Während der ganzen Zeit, die die Larve im Mutterleib verbringt, besitzt sie überdimensionale Kiemen, die den Körper wie mit einem Mantel umgeben. Auch ihr Schwanz erinnert dann an die Form der aquatilen Larven anderer Urodelen. Versuche, bei denen die Weibchen des Alpensalamanders durch eine Operation vorzeitig der Larven entledigt wurden, zeigten, daß sich diese, nur den Mutterleib gewöhnten Tiere, auch ohne Schwierigkeiten im Wasser aufziehen ließen. Im Laufe dieses Versuches wurden allerdings die Kiemen zurückgewandelt um die Atmungsfunktion im Wasser übernehmen zu können. *Paarungsverhalten:* Allgemein findet die Begattung wie beim Feuersalamander *(Salamandra salamandra)* statt. *Terrarieneinrichtung:* Reines Terrarium ohne Wasserteil. Der Bodengrund sollte aus Torf und Steinen bestehen. Mit flachen Steinen werden dann niedrige Höhlen gebildet. Als pflanzliche Einrichtungsgegenstände kann man Moose und Farne verwenden. Dieser Salamander benötigt viel Feuchtigkeit, jedoch keine Nässe. Außerdem muß man die Tiere unbedingt kühl halten, die Temperatur sollte deshalb +20° C nicht überschreiten. Zu Zuchtzwecken ist auch hier eine Winterruhe nötig, zu der wie üblich Temperaturen um null Grad benötigt werden. Ist man nicht an einer Zucht interessiert, so sollte man dennoch die Temperatur über zehn Grad Wärme nicht hinausgehen lassen, um somit den Organismus nicht aus der Jahreszeitenregelung herauszubringen. *Futter:* Regenwürmer, Käfer, Spinnentiere, Tausendfüßer. *Besondere Ansprüche:* Werden Moose als Einrichtung verwendet, so muß man peinlichst darauf achten, daß diese nicht in Verwesung übergehen. Besser ist es, sie vor einer Geruchsentwicklung auszuwechseln. *Lebensweise:* Lebt ohne Ausnahme an Land. *Eignet sich für erfahrene Pfleger.*

Salamandra salamandra salamandra
(Gefleckter Feuersalamander)

Verbreitungsgebiet: Die westliche Begrenzung stellen die Gebiete Südostfrankreichs, Norditaliens (hier nur in den Alpen), der Südschweiz (Tessin) sowie der südöstlichen Bundesrepublik Deutschland und DDR dar. Die östliche Begrenzung ist in Griechenland, Bulgarien, Mittelrumänien und der mittleren Ukraine zu suchen. Außerhalb dieser anerkannten Verbreitungsgrenze wurden noch umstrittene Populationen aus Polen und Ostpreußen gemeldet. *Biotop:* Kommt in den feuchten und schattigen Wäldern des Hügel- und Berglandes vor, wo er bis in eine Höhe von maximal 1000 m über dem Meer vordringt. Zumeist ist er in der Nähe von kleinen Fließgewässern und Quellen vorzufinden. Der Feuersalamander hält sich vornehmlich in Fels- und Erdhöhlen, unter modernden Baumstümpfen und Wurzeln sowie unter Moospolstern und Steinen auf. Zur Dämmerungs- und Nachtzeit, aber auch bei feuchter Witterung, begibt er sich ins Freie, um der Paarung, dem Ablaichen oder der Futtersuche nachzugehen. Zum Winter werden tief im Erdreich liegende Verstecke aufgesucht, die außerhalb der Frostgrenze liegen. *Größe:* Erreicht in Mitteleuropa 20 cm, in Südeuropa maximal 28,5 cm. *Färbung:* Oberseite schwarz mit schwefel- bis orangegelben Flecken, die ohne System auf dem Körper verteilt sind. Hin und wieder wurden auch Exemplare gefunden, die fast völlig gelb und andere, die völlig schwarz waren. Unterseite hell- bis schwarzgrau, meist mit gelben Flecken, die jedoch die Farbintensität der Oberseitenflecken nicht erreichen. *Aussehen:* Plumper Körper mit breitem Kopf. Der Schwanz ist kürzer als die Kopfrumpflänge und rundlich oval. Die Hautstruktur erscheint glatt und glänzend. Am Kopf befindet sich beidseitig je eine große Parotiddrüse. Zur Paarungszeit lassen sich die Männchen von den Weibchen durch ihre stärker hervortretende Kloakenwölbung unterscheiden. *Brut- und Laichverhalten:* Der Feuersalamander sucht zur Eiablage Gewässer mit einer gut begehbaren, flachen Stelle aus. Dort treten die Eier, in denen sich die schon voll entwickelten Larven befinden, aus der weiblichen Kloake aus, wobei meist schon die Hülle zerreißt. Werden die Larven in einem fließenden Gewässer abgesetzt, dann sind sie immer an den ruhigen, strömungsschwachen Stellen zu finden. Als Laichgewässer kommen nur schattige und kühle Bäche, Tümpel und Teiche in Frage. Verschmutzungen werden auch in kleinem Umfang übelgenommen und können bei stärkerer Konzentration zum Tode führen. Die Laichzeit des Feuersalamanders beginnt im Frühjahr und läuft im Herbst je nach Temperatur aus. Die Larven haben zur Geburt eine Gesamtlänge von ca. 2,5 cm. Ihre Färbung variiert zwischen gelbgrau und schwarzbraun. Außerdem zeigt der Körper oft kleine, gelbe Pünktchen. In jedem Falle haben die Larven aller Feuersalamander an der Fußwurzel einen gelben Fleck. Durch diesen Fleck lassen sich Salamandralarven von denen anderer Gattungen unterscheiden. Bei der Größe von 5 bis 6 cm beginnen die Larven zunächst schemenhaft, später jedoch kräftig, die Färbung der Alttiere anzunehmen. Das ist zumeist ein Zeichen für die bevorstehende Umwandlung zum

Landtier. Ein genauer Zeitraum von der Geburt bis zur Umwandlung zum Landtier läßt sich in keinem Falle bestimmen, da im Herbst geborene Tiere als Larven überwintern können und erst im kommenden Frühjahr metamorphosieren. Die Zahl der von einem Weibchen geborenen Larven kann pro Geburt über fünfzig steigen. Die Jungtiere werden im vierten Jahr geschlechtsreif. *Paarungsverhalten:* Die Paarungszeit beginnt im Frühjahr und läuft im Laufe des Sommers aus. Die Begattung vollzieht sich zumeist an Land, ist jedoch auch schon im flachen Wasesr beobachtet worden. Dabei schiebt sich das Männchen von hinten unter das Weibchen und umfaßt mit seinen Vorderbeinen die des Weibchens. Ist dies geschehen, wird die Kloake des Weibchens durch den Schwanz des Männchens gestreichelt, wobei auch ein Reiben an der Kehlpartie erfolgt. Diese Bewegungen steigern sich, bis das Männchen ein Samenpaket auf den Boden absetzt. Nun gibt das Männchen das Hinterteil des Weibchens frei, um ihm die Möglichkeit zur Samenpaketaufnahme zu geben. Zu diesem Zweck legt sich das Männchen links oder rechts zur Seite und verhält sich ruhig. Inzwischen ergreift das Weibchen die Initiative und nimmt durch Bewegungen des nun freigewordenen Hinterleibes das Samenpaket in ihrer Kloake auf. Der Paarungsprozeß, nach dessen Ablauf das Weibchen wieder völlig freigelassen wird, dauert etwa eine halbe Stunde. Der Zeitraum von der Befruchtung bis zur Geburt der Larven beträgt etwa zehn Monate. Es ist jedoch nicht immer gesagt, daß das eben vom Weibchen aufgenommene Samenpaket zur sofortigen Besamung führt, da es oft sehr lange im Samenbehälter aufbewahrt wird und selbst erst im nächsten Jahr dazu führen kann, die Eier des Weibchens zu befruchten. *Terrarieneinrichtung:* Der Feuersalamander benötigt ein Terrarium, das nicht zu klein sein sollte. Der Behälter muß ein größeres Landteil besitzen, das etwa 80 % der Fläche einnimmt. Das Wasserteil stellt ein flaches Ablaichbecken dar, das einen maximalen Wasserspiegel von 4 cm haben darf. Für das

Foto 1   Gebänderter Feuersalamander, Salamandra salamandra terrestris

Foto 2   Italienischer Feuersalamander, Salamandra salamandra gigliolii

Foto 3 Pyrenäen-Feuersalamander, Salamandra salamandra fastuosa

Foto 4 Korsischer Feuersalamander, Salamandra salamandra corsica

Foto 5 Gebänderter Feuersalamander mit seltener, roter Färbung, Salamandra salamandra terrestris

Foto 6 Italienischer Höhlensalamander, Hydromantes italicus gormani

Foto 7 Männchen des Teichmolchs in voller Brunst, Triturus vulgaris vulgaris

Foto 8 Brünstiges Männchen des Italienischen Bergmolches, Triturus alpestris apuanus

Foto 9   Kopfstudie eines weiblichen Kammolches, Triturus cristatus cristatus

Foto 10   Kopfstudie eines Marmormolches, Triturus marmoratus marmoratus

Foto 11 Bosnischer Bergmolch, Triturus alpestris reiseri

Foto 12 Brünstiges Männchen des Südlichen Teichmolches, Triturus vulgaris meridionalis

Foto 13 Weiblicher Pyrenäen-Gebirgsmolch, Euproctus asper asper

Foto 14 Korsischer Gebirgsmolch, Euproctus montanus

Foto 15 Goldstreifensalamander, Chioglossa lusitanica

Foto 16 Spanischer Rippenmolch, Pleurodeles waltl

Wasserteil können wir uns Wasserpflanzen ersparen. Der Zugang sollte jedoch leicht zu erreichen sein. Das Landteil wird mit Steinhöhlen, Moos und Farnen ausgestattet. *Futter:* Regenwürmer, Maden, Schnecken, Insekten. *Besondere Ansprüche:* Auf Feuchtigkeit achten. Temperaturen möglichst nicht höher als +20° C. *Lebensweise:* Dieser Salamander lebt fast ausschließlich terrestrisch und sucht meistens nur zur Geburt der Larven kurzfristig das flache Wasser auf. *Eignet sich für fortgeschrittene Anfänger.*

Salamandra salamandra almanzoris
(Almanzor-Feuersalamander)

Verbreitungsgebiet: Talsohle der Laguna de Gredos (Sierra de Gredos) *Biotop:* Bewohnt ein felsiges, vegetationsloses Hochgebirgstal in einer Höhe von 1800 bis 2200 m. *Färbung:* Die Gelbfärbung ist gegenüber *Salamandra salamandra bejarae* reduziert. *Aussehen:* Der Körper ist klein und gedrungen. *Terrarieneinrichtung:* Wie *Salamandra salamandra salamandra.* *Futter:* Wie *Salamandra salmandra salamandra.* *Besondere Ansprüche:* Die Haltungstemperaturen sollten nicht über +18° C liegen. Bei der Larvenaufzucht kann es zu längeren Wasseraufenthalten kommen, als es sonst beim Feuersalamander üblich ist. *Lebensweise:* Der Almanzor-Feuersalamander wurde lange Zeit als völlig aquatil angesehen. Neuere Untersuchungen von Dr. Günther FACHBACH, Zoolog. Institut der Universität Graz, zeigten jedoch, daß diese Unterart ebenso wie die Nominatform, als terrestrisch anzusehen ist. Anderslautende Meldungen beruhten auf Untersuchungen größerer, noch nicht zum Landleben übergegangener Jungtiere. *Eignet sich nur für erfahrene Pfleger.*

Salamandra salamandra bejarae
(Früher *Salamandra salamandra hispanica*)

Verbreitungsgebiet: Gesamtes Spanien, jedoch ohne die Provinz Galicien, das kantabrische Gebiet und die Pyrenäen.

Färbung: Im Westen zunehmende Ausbildung von hakenförmigen Flecken, Rotfärbung (dies besonders in der Parotidenregion) und Vergilbung der Kopfoberseite. Die Flecken sind unregelmäßig angeordnet. *Aussehen:* Die Gestalt ist als gedrungen zu bezeichnen. Der Schwanz ist kurz und hoch gehalten. Der Kopf hat eine starke Wölbung, die Schnauze ist äußerst spitz gerundet und weit vorgezogen. Die Parotiddrüsen sind kurz und breit. *Für fortgeschrittene Anfänger geeignet.* Weiteres siehe *Salamandra salamandra salamandra.*

Salamandra salamandra bernadezi

Verbreitungsgebiet: Nordspanien (Provinz Oviedo). *Biotop:* Bewohnt baumlose Gegenden. *Färbung:* Siehe *Salamandra salamandra fastuosa. Aussehen:* Siehe *Salamandra salamandra fastuosa. Brut- und Laichverhalten:* Ist als einziger Feuersalamander lebendgebärend und bringt voll landtüchtige Jungtiere zur Welt. *Terrarieneinrichtung:* Bei dieser Unterart ist kein Ablaichbecken notwendig, sonst ist sie wie bei *Salamandra salamandra salamandra* zu halten. *Eignet sich für fortgeschrittene Anfänger.*

Salamandra salamandra corsica (Korsischer Feuersalamander)

Verbreitungsgebiet: Korsika. *Färbung:* Gelb gefleckt, die Zeichnung ist unregelmäßig über den Körper verteilt. Besitzt keine sehr große Flecken, die oft wie zerhackt wirken. Die Flankenfleckung bildet meistens je eine Längsreihe. Der Kopf erscheint gelegentlich vergilbt, oder besitzt eine wurmartige Zeichnung. *Aussehen:* Der Korsische Feuersalamander hat eine große und derbe Gestalt, deren Schwanz extrem kurz und hoch ist. Der Kopf ist mehr gewölbt, die Schnauze kaum vorspringend und stark gerundet. Die Parotiden sind bei dieser Unterart klein. Die Finger und Zehen der Gliedmaßen sind als kurz zu bezeichnen. *Eignet sich für Anfänger* (Foto 4). Weiteres siehe *Salamandra salamandra salamandra.*

Salamandra salamandra fastuosa

(Früher *Salamandra salamandra bonnali*) Foto 3

Verbreitungsgebiet: Kantabrisches Gebirge, Pyrenäen (Atlantikseite bis Zentralpyrenäen). *Färbung*: Gelbe Längsstreifen, die sowohl extrem schmal als auch bandförmig breit sein können. *Aussehen*: Besitzt eine zierliche Gestalt, der Schwanz ist relativ lang und niedrig. Der Kopf wirkt klein und ist mit einer sehr kurzen und runden Schnauze ausgestattet. Die Parotiddrüsen sind extrem klein gehalten. Die Finger der Gliedmaßen erscheinen relativ lang. *Eignet sich für fortgeschrittene Anfänger*. Weiteres siehe *Salamandra salamandra salamandra*.

Salamandra salamandra gallaica

(Früher *Salamandra salamandra molleri*)

Verbreitungsgebiet: Portugal, Nordwestspanien (Galicien, angrenzende Gebiete Asturiens). *Färbung*: Die Feuersalamanderunterart besitzt gelbe, hufeisen- oder ringförmige Flecken, in denen oft weinrote Flecken inselartig angeordnet sind. Die Kehle ist des öfteren weinrot. *Aussehen*: Wie *Salamandra salamandra bejarae*, nur größer. *Eignet sich für fortgeschrittene Anfänger*. Weiteres siehe *Salamandra salamandra salamandra*.

Salamandra salamandra gigliolii Foto 2

Verbreitungsgebiet: Östliche ligurische Alpen bis Süditalien. *Färbung*: Die Oberseite besitzt große, gelbe Flecken, die oft nur kleine Reste der schwarzen Grundfarbe in netz- oder hufeisenartiger Form freilassen. Es kommen zum Teil aber auch fleckenstreifige Tiere vor. Die Unterseitenfleckung der kalabrischen Salamander, wo auch die reinste Form dieser Unterart vorkommt, ist mit karminrot durchsetzt. Sonst ist im allgemeinen die Unterseitenfleckung, einschließlich der Kehle, in gelb gehalten. *Aussehen*: Die Gestalt ist zierlich, der Schwanz relativ lang und hoch. Der Kopf wirkt breit und flach. Die

Extremitäten, Finger und Zehen sind langgestreckt. *Eignet sich für fortgeschrittene Anfänger*. Weiteres siehe *Salamandra salamandra salamandra*.

Salamandra salamandra terrestris
(Gebänderter Feuersalamander) Umschlagbild oben, Foto 1 + 5

Verbreitungsgebiet: Nordwesteuropa, die westliche Begrenzung wird durch die französischen Pyrenäen gebildet, die östliche Begrenzung befindet sich in der mittelnördlichen DDR. *Größe:* Bis 22 cm. *Färbung:* Die Oberseite ist schwarz mit länglichen, schwefel- bis orangegelben Flecken, die manchmal in zwei, bisweilen aber auch vier Längsbänder zusammenfließen. Färbungsbesonderheiten wurden vor allen Dingen aus dem Stuttgarter Raum immer wieder bestätigt, wo es bisweilen Tiere mit mennigeroter Fleckenstreifung gibt. Vorkommen von ganz schwarzen oder vollkommen gelben Tieren wurden hingegen aus allen Teilen des Verbreitungsgebietes öfter bestätigt. Salamander mit weißer Färbung, sogenannte Albinoten, kommen jedoch recht selten vor. Die Unterseite ist hellschwarzgrau und besitzt meist ebenfalls Fleckenstreifen, die jedoch die Farbintensität der Oberseitenfärbung nicht erreichen. *Eignet sich für fortgeschrittene Anfänger*. Weiteres siehe *Salamandra salamandra salamandra*.

Salamandrina terdigitata (Brillensalamander)

Verbreitungsgebiet: Kommt an den Westhängen des Apennin von Ligurien bis Kampanien vor. Wurde neuerdings auch aus Calabrien beschrieben. *Biotop:* Bewohnt die Gebirge und ist in unmittelbarer Nähe von Bächen sowie unter deren ausgewaschenen Uferrändern, unter Baumstämmen, Steinen und Moos zu finden. Er liebt feuchte und schattige Stellen und ist als Kulturfolger anzusehen, da er in den Gärten der Ortschaften angetroffen wurde. *Größe:* 8 bis 10 cm. *Färbung:* Die Oberseite ist mattschwarz, stellenweise auch rotbraun gefärbt. Über den Augen befinden sich oft gelbrötliche Flecken, die

fast ausschließlich zu einer brillenförmigen Gestalt zusammenfließen. Die Unterseite weist eine helle Färbung, mit unregelmäßig angeordneten schwarzen Flecken auf, die Kehle ist
schwarz und besitzt einen weißen Fleck. Kloakengegend, Beininnenseiten sowie Teile des Schwanzes sind feuerrot gefärbt.

Aussehen: Diese Salamanderart weist jeweils nur vier Zehen
an den Vorder- und Hintergliedmaßen auf. Sie hat eine schlanke, langgezogene Körperform, dessen Schwanz im Querschnitt
rundlich ist und oben sowie unten eine scharfe Kante zeigt.

Brut- und Laichverhalten: Die Eiablage erfolgt im Wasser,
wobei die Gelege an Steinen und Wasserpflanzen festgeklebt,
aber auch teilweise nur in das Wasser gestoßen werden. Die
Eier sind zu Gruppen von sechs bis zwölf Stück zusammen-
geklebt und besitzen pro Exemplar einen Stiel. Die Anzahl
der von einem Weibchen abgelegten Eier kann ca. 34 bis 88
Stück betragen. Die Metamorphose findet nach ca. zwei Monaten statt, wonach sich die Jungtiere an Land begeben. *Paarungsverhalten:* Die Paarungsspiele sowie die Begattung vollzieht sich an Land. Dabei markieren die Männchen mit ihren
Duftstoffen regelrechte Reviere, die von den Weibchen ge-
ruchlich wahrgenommen werden und die sie auch aufsuchen.

Hierbei heben die Weibchen den Kopf, schütteln ihn, um
dabei manchmal auch windende Schwanzbewegungen zu machen. Daraufhin wendet sich das Männchen dem Weibchen
zu, immer bemüht, sich ihrer Kloake zu nähern. Nach einigen
Minuten beginnt das Weibchen eine Reihe von schnellen,
kreisförmigen Bewegungen auszuführen, wobei der Körper
und Schwanz schlangenförmige Bewegungen macht. Dies wird
nun ebenfalls vom Männchen nachgeahmt, immer noch bemüht, mit seiner Schnauze an ihre Kloake zu kommen. Sobald es dem Männchen gelingt, sich unter das Weibchen zu
zwängen und seinen Schwanz mit dem ihrigen zu verbinden,
hört die Brautwerbung auf und das Männchen setzt seinen
Spermatophor ab. Dieser Spermatophor wird dann ohne Um-

schweife vom Weibchen aufgenommen. *Terrarieneinrichtung:*
Der Brillensalamander benötigt ein reines Terrarium, dessen
Bodengrund mit Erde aufzufüllen ist. Darüber legt man Laub
oder Moos. Es ist notwendig, Verstecke aus Stein, Holz oder
Rindenstücken zu schaffen. Die Tiere sind feucht aber nicht
naß zu halten. Die Temperaturen dürfen weder über $+20°$ C
noch unter $+3°$ C liegen. Die beste Haltungstemperatur liegt
bei $+13$ bis $15°$ C. *Futter:* Weichschalige Insekten, Maden
und Asseln. *Besondere Ansprüche:* Auf unbedingte Sauberkeit
achten. *Lebensweise:* Dieser Salamander hat im Sommer und
Winter eine Ruheperiode. Er lebt fast ausschließlich an Land
und geht nur im Frühjahr zur Eiablage ins Wasser. Zur Zucht
sollten die Weibchen ein Wasserteil mit einigen hohlliegenden
Steinen und frischem Wasser bekommen. *Eignet sich nur für
erfahrene Pfleger.*

Triturus alpestris alpestris (Bergmolch) Umschlagbild (unten)

Verbreitungsgebiet: Die östliche Grenze zieht sich von Schles-
wig-Holstein bis Mittelrumänien und setzt sich von Bulgarien
bis nach Griechenland fort. Außerhalb dieser Verbreitungsgrenze sind Inselpopulationen in Nordpolen, Ostpreußen und
der UdSSR (Motzyr, Provinz Minsk) bekannt. Die westliche
Grenze liegt in Nordost- bis Mittelostfrankreich. Abweichend
von diesem Verbreitungsareal befindet sich weiter westlich in
Spanien eine Population der Unterart *Triturus alpestris cyreni*,
die man im Kantabrischen Gebirge findet. Weitere spanische
Meldungen, die aber noch der wissenschaftlichen Untersuchung
bedürfen, kommen aus der Umgebung von Oviedo und Madrid. Der Bergmolch fehlt in Irland und Großbritannien. *Biotop:* Besucht im Frühjahr und Sommer stehende, zum Teil
auch langsam fließende Gewässer, um dann im Herbst unter
Steinen, Holz und ähnlichem Unterschlupf zu suchen. Diese
Aufenthaltsorte stellen Zwischenstationen vor dem Aufsuchen
des Winterquartiers dar, das immer außerhalb der Frostgrenze
unterirdisch gewählt wird. Der Bergmolch bevorzugt das

Hügelland wie auch das Gebirge, kommt aber auch im Flachland vor. Je mehr die Populationen in wärmere Gebiete vordringen, sind die Tiere eher in Höhen über 1000 m vorzufinden. *Größe:* Männchen bis 8 cm, Weibchen bis 11 cm. *Färbung:* Das Männchen zeigt eine schiefergraue bis schwarze Grundfarbe, die durch eine mehr oder weniger deutliche Marmorierung belebt wird. Oft ist die Grundfarbe auch in prächtigem blau gehalten. Über dem Rücken ist eine niedrige, gelbschwarz quergebänderte, ungezackte Rückenleiste zu erkennen, die nur zur Zeit des Wasseraufenthaltes deutlich ausgeprägt ist. Die Flanken sind silberweiß, mit schwarzen Punkten. Darunter befindet sich ein hellblaues Längsband. Die Unterseite ist einfarbig orange und kann bisweilen auch eine korallenrote Färbung aufweisen. Die hier beschriebene Färbung entspricht der Wassertracht. Während des Landaufenthaltes verblassen die Farben und sind teilweise nicht mehr vorhanden. So zum Beispiel das hellblaue Flankenband. Das Weibchen zeigt auf der Oberseite eine schiefergraue bis grauschwarze Grundfarbe, mit deutlicherer Marmorierung als beim Männchen. Die Unterseite, wie auch teilweise die Schwanzunterkante, ist orangerot. Das Verblassen der Farben bei Landaufenthalt macht sich beim Weibchen nicht so kraß bemerkbar wie beim Männchen. Die Färbung dieser Art ist sehr variabel, man hat schon, wenn auch nur selten, albinotische Tiere gefunden. *Aussehen:* Die Männchen wirken eher schlank und zierlich, während die Weibchen kräftiger gebaut sind. Zur Paarungszeit sind die Schwanzschneiden des Ruderschwanzes, der ebenso lang oder noch kürzer wie die Kopfrumpflänge ist, verbreitert. Die Haut hat eine feinkörnige bis samtartige Struktur. *Brut- und Laichverhalten:* Die Eier werden einzeln an die Blätter der Wasserpflanzen geheftet und durch u-förmiges Umbiegen des Blattes geschützt. Die daraus sich entwickelnden Larven verwandeln sich meist noch vor dem Wintereinbruch zum Landtier, doch kommt es auch vor, daß die Überwinterung aquatil und in larvalem Zustand erfolgt. *Paarungs-*

verhalten: Sobald das Männchen ein Weibchen entdeckt hat, postiert es sich so, daß beide Tiere Kopf an Kopf gegenüber stehen. Nun beginnt das Männchen den Schwanz schlaufenartig zu krümmen, so daß die Schwanzspitze zum Kopf des Weibchens zeigt. In dieser Stellung werden mit dem Schwanz wedelnde Bewegungen durchgeführt, die in raschen Intervallen erfolgen. Der Wasserstrom, der durch das Schwanzwedeln auf den Kopf des Weibchens zutreibt, enthält Duftstoffe, die das Männchen aus seiner Kloake austreten läßt. Diese Duftstoffe sollen das Weibchen dazu ermuntern, den Spermatophor, der später vom Männchen abgesetzt wird, in seiner Kloake aufzunehmen. Dieses Wedeln kann längere Zeit dauern und es werden mehrere Positionswechsel vorgenommen, bis sich das Weibchen vom Männchen angetan zeigt. Dann watschelt das Männchen ein paar Schritte unter zuckenden Schwanzbewegungen vor dem Weibchen her und setzt dabei seinen Spermatophor auf dem Boden ab. Danach kommt das Weibchen und nimmt den Samenträger in seiner Kloake auf. *Terrarieneinrichtung:* Im Frühjahr und Sommer wird ein wassergefüllter Behälter (Aquarium) benötigt. Der Bodengrund sollte mit grobem bis mittelfeinem, gewaschenem Kies aufgeschüttet werden. Bei Einpflanzen von Wasserpflanzen ist die Kiesschicht in einer Mindesthöhe von ca. 3 cm aufzuschütten. Die Wasserpflanzen sind möglicherweise aus dem Fanggewässer zu holen. Sind keine vorhanden, dann kauft man am besten die in Zoogeschäften erhältlichen Kaltwasserpflanzen, doch nur solche, die für Stillgewässer geeignet sind (z. B. Wasserpest). Der Wasserspiegel sollte in etwa so bemessen sein, daß zwei Drittel des Aquariums gefüllt sind. Auf der Wasseroberfläche ist für die Tiere ein Halt notwendig, der mit Pflanzenpolstern (an der Oberfläche schwimmende Wasserpflanzen in großer Anzahl) oder aber durch ein Stück Rinde, Holz oder Styropor gebildet wird. Die Temperatur sollte möglichst nicht über +20° C steigen. Im Spätsommer und Herbst ist ein Aquarium mit zusätzlichem Landteil erforderlich (siehe Einrichtungsskizze Seite 12). Auf dem Landteil werden dann feuchtigkeitsspeichernde Pflanzen wie Moos benötigt. Außerdem ist es unumgänglich Versteckmöglichkeiten in Form von Holzstücken, Rinden und Steinen zu schaffen. In dieser Zeit darf die Temperatur möglichst nicht über +24° C steigen. Im Spätherbst und Winter ziehen sich die Tiere in der Natur in ihre Winterquartiere zurück. Dem sollte man auch im Terrarium Folge leisten. Macht jedoch ein Tier keine Anstalten, das Wasser zu verlassen, kann man es in jedem Fall weiter in der vorangegangenen Terrarienart halten. Zur Überwinterung füllt man den Behälter einige Zentimeter mit lockerem Boden auf und schüttet darüber feuchtes, aber noch nicht in Gärung übergegangenes Laub. Nach Einbringen der Tiere in diesem Behälter senkt man behutsam die Temperaturen, die im Endeffekt 0 bis +5° C nicht übersteigen sollen. Geeignete Räume zur Überwinterung findet man meist nur im Keller älterer Häuser. Besitzt man keinen kühlen Keller, so gibt es weitere Möglichkeiten auf dem Dachboden oder in leicht beheizten Garagen. Bei milden Wintern kann man es sogar wagen, die Tiere in einer Styroporkiste mit der beschriebenen Füllung zu überwintern. *Futter:* Regenwürmer, Tubifex, Bachflohkrebse, Wasserflöhe und Kaulquappen. *Lebensweise:* Im Frühjahr und Sommer überwiegend im Wasser befindlich, im Herbst und Winter meist nur auf dem Land lebend. *Eignet sich für Anfänger.*

Triturus alpestris apuanus (Italienischer Bergmolch) Foto 8

Verbreitungsgebiet: Kommt in Ligurien und der nordwestlichen Toscana vor. Außerdem ist ein Fundort aus Umbrien bekannt. *Größe:* Bis 10 cm. *Färbung:* Der Italienische Bergmolch ist noch ausgeprägter und prächtiger als die Nominatform coloriert. *Aussehen:* Die Körperform ist zierlicher als beim gewöhnlichen Bergmolch. *Eignet sich für Anfänger.* Weiteres siehe *Triturus alpestris alpestris.*

Triturus alpestris cyreni (Kantabrischer Bergmolch)

Verbreitungsgebiet: Kommt in einem gebietlich stark begrenztem Fundort im Kantabrischen Gebirge vor. *Biotop:* Lebt aquatil in einem Gebirgssee. *Aussehen:* Unterscheidet sich von der Nominatform durch seinen breiten, abgerundeten Kopf. *Terrarieneinrichtung:* Diese Unterart benötigt das ganze Jahr ein reines Aquarium, dem man eine kleine Steininsel geben sollte. Der Bodengrund wird mit Schieferplatten gestaltet. Die Temperaturen sollten nicht über +18° C gehen. Auf frisches und reines Wasser ist unbedingt zu achten. *Eignet sich für fortgeschrittene Anfänger.* Weiteres siehe *Triturus alpestris alpestris.*

Triturus alpestris lacus — nigri (Triglav — Bergmolch)

Verbreitungsgebiet: Triglavjoch (Italienisch-jugoslawisches Grenzgebiet). *Biotop:* Lebt aquatil in einem Gebirgssee. *Färbung:* Diese Unterart unterscheidet sich von der Nominatform durch ihre sehr dunkle Rückenpartie, die oft fast schwarz erscheint. *Aussehen:* Auf dem schlanken Rumpf sitzt ein auffallend breiter Kopf. Der Schwanz ist relativ lang. *Terrarieneinrichtung:* Siehe *Triturus alpestris cyreni. Eignet sich für fortgeschrittene Anfänger.* Weiteres siehe *Triturus alpestris alpestris.*

Triturus alpestris montenegrinus (Montenegro-Bergmolch)

Verbreitungsgebiet: Bukumirsko-See (Montenegro). *Biotop:* Lebt aquatil in einem in 1430 m hoch gelegenen Gebirgssee. *Färbung:* Die Oberseite dieser Unterart ist dunkelgrau und wenig variabel. *Aussehen:* Die Körperform zeigt larvale Züge, was sich vor allem durch den breiten Kopf bemerkbar macht. *Terrarieneinrichtung:* Siehe *Triturus alpestris cyreni. Eignet sich für fortgeschrittene Anfänger.* Weiteres siehe *Triturus alpestris alpestris.*

Triturus alpestris piperianus

Verbreitungsgebiet: Kapetanovo- und Manito-See. *Biotop:* Lebt aquatil in Gebirgsseen. *Größe:* 9 bis 9,7 cm. *Färbung:* Die Oberseite ist ziemlich gleichmäßig dunkel gefärbt. *Aussehen:* Die Körperform dieser Unterart zeigt larvale Züge. *Terrarieneinrichtung:* Siehe *Triturus alpestris cyreni. Eignet sich für fortgeschrittene Anfänger.* Weiteres siehe *Triturus alpestris alpestris.*

Triturus alpestris reiseri (Bosnischer Bergmolch) Foto 11

Verbreitungsgebiet: Prokosko-See (Bosnien). *Biotop:* Hält sich aquatil am Grunde eines Gebirgssees unter Steinen und anderen Gegenständen auf. Die Population dieser Unterart ist als extrem alpin zu betrachten, da sie sich in 2000 m Höhe befindet. *Größe:* Überschreitet im allgemeinen die 11 cm der Nominatform. *Färbung:* Wie bei *Triturus alpestris alpestris* sehr variabel. Die Oberseite zeigt Farbtöne vom einfarbigen Schwarz, bis zur hellgrünen Färbung, mit helleren oder dunkleren Marmorierungen. *Aussehen:* Die Körperform ist kräftiger, der Kopf erheblich größer ausgebildet als beim gewöhnlichen Bergmolch. *Terrarieneinrichtung:* Siehe *Triturus alpestris cyreni. Eignet sich für fortgeschrittene Anfänger.* Weiteres siehe *Triturus alpestris alpestris.*

Triturus alpestris serdarus

Verbreitungsgebiet: Zminicko-See (Jugoslawien). *Biotop:* Lebt aquatil in einem 1285 m hoch gelegenen Gebirgssee. *Größe:* 7 bis 8,6 cm. *Färbung:* Die Oberseite ist sehr variabel und kann weißliche, graue, bläuliche und schwarze Farbtöne enthalten. *Aussehen:* Die Körperform zeigt larvale Merkmale. *Terrarieneinrichtung:* Siehe *Triturus alpestris cyreni. Eignet sich für fortgeschrittene Anfänger.* Weiteres siehe *Triturus alpestris alpestris.*

Triturus alpestris veluchiensis (Griechischer Bergmolch)

Verbreitungsgebiet: Veluchi- und Parnaß-Gebirge. *Biotop:* Lebt aquatil in Gebirgsseen. *Größe:* Männchen bis 8,3 cm, Weibchen bis 9,5 cm. *Färbung:* Die Weibchen haben ziemlich häufig die männlichen Privilegien wie die schwarzgelb gefleckte Rückenleiste und das zur Paarungszeit vorhandene, himmelblaue Flankenband. Die Unterseite ist manchmal mit dunklen Flecken auf orangefarbenem Grund versehen. *Terrarieneinrichtung:* Siehe *Triturus alpestris cyreni*. Eignet sich für fortgeschrittene Anfänger. Weiteres siehe *Triturus alpestris alpestris*.

Triturus boscai (Bosca-Wassermolch)

Verbreitungsgebiet: Kommt in Spanien in der Provinz Galicien und im westlichen Asturien vor. Ist in ganz Portugal vorzufinden und stößt von diesem Hauptverbreitungsareal in zwei Keilen in östlicher Richtung nach Spanien in die Sierra de Gredos und im zweiten Fall in die Sierra Morena vor. *Biotop:* Der Bosca-Wassermolch liebt das klare Wasser der Bergbäche, bis hinunter in die Tallagen und verläßt nur im Hochsommer das Wasser. *Größe:* Bis 10 cm. *Färbung:* Die Oberseite ist beim Männchen gelblich braun, beim Weibchen mittelbraun bis olivgrün. Diese Grundfarbe wird durch wahllos angeordnete, dunklere Flecken durchsetzt. Außerdem zieht sich bei manchen Tieren ein gelbbrauner Längsstreifen über die Rückenmitte. Die Unterseite ist lebhaft gelb gefärbt. Ebenso verhält es sich bei der unteren Schwanzschneide, die beim Männchen oft nur bis zur Schwanzwurzel gelb gefärbt ist. Der Schwanz besitzt eine weiße Spitze. Der Bauch ist ungefleckt und wird vom übrigen Rumpf durch eine weißliche bis gelbliche Linie abgegrenzt. *Aussehen:* Diese Art zeigt eine schlanke Körperform und trägt über den mehr als Kopfrumpflänge betragenden Schwanz eine niedrige, zweischneidige Verbreiterung, die an der Schwanzspitze in einen kurzen Dorn ausläuft. Dieses Merkmal ist nur zur Wassertracht zu beobachten und kann beim Weibchen auch völlig fehlen. Dem Männchen fehlt ein Rumpfkamm. Über die Oberseite des männlichen Kopfes zieht sich eine Längsfurche. *Brut- und Laichverhalten:* Die Eier werden in der Art von *Triturus alpestris alpestris* einzeln abgesetzt. *Paarungsverhalten:* Zur Brautwerbung stellt sich das Männchen so vor das auserwählte Weibchen, daß seine Schnauzenspitze die des Weibchens berührt. Dabei wird das Weibchen äußerst lebhaft in der Art von *Triturus alpestris alpestris* angewedelt. Die Paarungsspiele können über einen Zeitraum von weit über zwölf Stunden dauern und ähneln im weiteren Verlauf stark denen von *Triturus alpestris alpestris*. *Terrarieneinrichtung:* Dieser Molch benötigt ein Aqua-Terrarium, dem man 50 % Wasser und 50 % Land geben sollte. Das Landteil richtet man mit weichem Bodengrund ein, auf den Moos gelegt wird. Für Versteckmöglichkeiten aus Rinde, Holz oder Steinen ist zu sorgen. Dem Wasserteil gibt man einen groben Kiesgrund und wählt als Bepflanzung am besten die Wasserpest. *Futter:* Kleine Regenwürmer, Tubifex, Mückenlarven und Wasserflöhe. *Besondere Ansprüche:* Auf reines Wasser achten. *Lebensweise:* Hält sich meistens im Wasser auf, ist jedoch im Hochsommer auch auf dem Land zu finden. *Eignet sich für fortgeschrittene Anfänger.*

Triturus cristatus cristatus (Kammolch) Foto 9

Verbreitungsgebiet: Die westliche Begrenzung liegt in Mittel- und Ostfrankreich. Seine Verbreitung reicht aus europäischer Sicht bis zum Ural und kommt in nördlicher Breite bis zum 65. Breitengrad vor. *Biotop:* Lebt im Frühjahr und Sommer in größeren Tümpeln und Gräben, aber auch in Teichen und Seen. Im Herbst findet man ihn an Land unter Steinen, Holz und ähnlichem. Im Spätherbst und Winter suchen die Tiere zur Überwinterung unterirdische Aufenthaltsorte auf, die außerhalb der Frostgrenze liegen. *Größe:* Bis 18 cm, Männchen bleiben kleiner als Weibchen. *Färbung:* Die Oberseite des Kammolchs ist braunschwarz bis grauschwarz und wird von dunklen Flecken und Barren unterbrochen. Den Flanken zu und auf den Flanken selbst sind winzige, kreideweiße Tüpfelchen zu sehen. Die Schwanzmitte des Männchens ist in voller Länge mit einem perlmuttfarbenen Längsband versehen, das sich der Schwanzspitze zu verjüngt. Die Finger und Zehenspitzen sind gelborange und schwarz geringelt. Die Unterseite ist orange bis dottergelb gefärbt und wird von schwarzen Barren oder Flecken unterbrochen. Die Schwanzunterkante zeigt ebenfalls eine orange- bis dottergelbe Färbung. Aus Osteuropa liegen verschiedene Färbungsvarianten vor, so z. B. Tiere mit tomatenrotem Bauch. *Aussehen:* Der Kammolch besitzt eine kräftige Körperform. Der Schwanz ist ebenso lang oder etwas kürzer als die Kopf-Rumpflänge. Zur Fortpflanzungszeit hat das Männchen über die gesamte Rücken- und Schwanzpartie einen hohen, tiefgezackten Hautkamm, der nur am Übergang von Rumpf zum Schwanz unterbrochen ist. Das Weibchen trägt zu keiner Zeit einen Kamm, weist aber, wenn es brünftig ist, verbreiterte Schwanzschneiden auf. *Brut- und Laichverhalten:* Siehe *Triturus alpestris alpestris*. *Paarungsverhalten:* Hat das Männchen ein Weibchen gefunden, stellt es sich im spitzen Winkel, Kopf an Kopf, vor dem Weibchen auf, und krümmt seinen Rücken zu einer Art Katzenbuckel. In dieser Haltung treibt er durch peitschenartiges Wedeln mit seinem breiten Schwanz dem Weibchen die Duftstoffe zu. Dabei steht das Männchen oft nur noch auf beiden Vorderbeinen, um dem Hinterleib und dem Schwanz mehr Wucht zu verleihen. Zeigt sich das Weibchen paarungswillig, so watschelt das Männchen ein Stück vor dem Weibchen her und setzt dann unter zuckenden Schwanzbewegungen den Spermatophor ab. Das nachfolgende Weibchen nimmt dann den Samenträger in ihrer Kloake auf. *Terrarieneinrichtung:* Siehe *Triturus alpestris alpestris*, allerdings benötigt man einen größeren Behälter. *Futter:* Regenwürmer, Tubifex, Froschlurchlaich, Kaulquappen, Maden, Wasserflöhe, Bachflohkrebse und weichschalige Insekten. *Lebensweise:* Ist im Frühjahr und Sommer überwiegend im Wasser, den Herbst und Winter verbringt er meist an Land. *Für Anfänger geeignet.*

Triturus cristatus carnifex (Alpenkammolch)

Verbreitungsgebiet: Italien, mit Ausnahme des östlichen Küstenstreifens von Mittel- und Süditalien, Mittel- und Südkalabrien und Sizilien. Kommt in Österreich, in den östlichen und südlichen Teilen vor, ebenso in der Südschweiz und Nordjugoslawien. Neuerdings wurde auch diese Unterart aus dem Berchtesgadener Land (Bundesrepublik Deutschland) beschrieben. *Biotop:* Siehe *Triturus cristatus cristatus,* jedoch nur in höheren Lagen. *Größe:* Bis 18 cm. *Färbung:* Oliv bis bräunliche Oberseite, mit großen, rundlichen schwarzen Flecken. Die Flanken sind kaum oder überhaupt nicht gepunktet. Die Unterseite ist grell orangegelb bis orangerötlich und wird von dunkelgrauen Flecken durchsetzt. Bisweilen kann es in alpinen Gebieten vorkommen, daß die Unterseite völlig schwarz gefärbt ist. Die Weibchen zeigen meist über der Rückenmitte eine stark ausgeprägte gelbe Linie. *Aussehen:* Die Körperform ist gedrungener als bei der Nominatform, der Kopf wirkt auffallend breiter. *Eignet sich für Anfänger.* Weiteres siehe *Triturus cristatus cristatus.*

Triturus cristatus dobrogicus (Donaukammolch)
(früher *Triturus cristatus danubialis*)

Verbreitungsgebiet: Kommt im Donautiefland von Krems (Österreich) bis Rumänien, dort in der Dobrudscha, vor. *Biotop:* Diese Unterart stellt eine Tieflandform dar, sonst ähnelt der Biotop dem gewöhnlichen Kammolch. *Größe:* Männchen bis 13,5 cm, Weibchen bis 16,5 cm. *Färbung:* Die Oberseite ist oliv bis bräunlich, mit kleinen, dunklen Flecken. Die Flanken sind nur wenig getüpfelt. Die Unterseite ist orangegelb bis orangerot und wird von rundlichen, dunkelbraunen bis schwarzen Flecken durchsetzt. In Rumänien, namentlich in der Dobrudscha, kommt verhältnismäßig oft eine Färbungsvari-

63

ante mit rotbrauner, gelblichroter, orangeroter oder ziegelroter Oberseitenfärbung vor. *Aussehen:* Die Körperform ist schlanker und mehr dem Wasserleben angepaßt als bei *Triturus cristatus cristatus.* Die Tiere besitzen einen sehr schmalen Kopf, an den sich ein relativ langer Rumpf anschließt. Der Abstand zwischen den Beinpaaren ist proportional größer als bei der Nominatform und den weiteren Unterarten. *Eignet sich für Anfänger.* Weiteres siehe *Triturus cristatus cristatus.*

Triturus cristatus karelinii

Verbreitungsgebiet: Kommt im gesamten Bulgarien vor. Weiterhin umfaßt sein Verbreitungsareal Teile von Rumänien, Griechenland, Albanien und Jugoslawien. *Biotop:* Siehe *Triturus cristatus cristatus. Färbung:* Die Oberseite ist braun und weist ins bläuliche spielende, kreisrunde Flecken auf. Die Flanken sind kaum oder überhaupt nicht getüpfelt. Die Weibchen haben über die Rückenmitte eine hellbraune Linie. *Aussehen:* Die Körpergestalt ist wuchtiger und kräftiger ausgebildet als bei der Nominatform. Nur Gebirgstiere zeigen dieses Merkmal weniger ausgeprägt. Alle Tiere dieser Unterart zeichnen sich jedoch durch ihre langen Beine, den klobigen Kopf und den weniger gezackten Rückenkamm aus. *Eignet sich für Anfänger.* Weiteres siehe *Triturus cristatus cristatus.*

Triturus helveticus helveticus (Leistenmolch oder Fadenmolch)

(früher *Triton palmatus palmatus* o. *Molge palmata palmata*) *Verbreitungsgebiet:* Bewohnt einige nördliche Gebiete der Pyrenäenhalbinsel und dehnt sich in seiner Verbreitung ostwärts über Frankreich und die Benelux-Staaten bis in die westlichen Gebiete der Bundesrepublik Deutschland aus. Diese Art fehlt zwar in Irland, ist aber dafür in Großbritannien zu finden. *Biotop:* Ist vom Frühjahr bis in den Sommer in Bächen, Gräben, Tümpeln und Teichen zu finden. Die restliche Zeit bis zum Winter verbringen die Tiere an feuchten Stellen unter Steinen, Holz oder ähnlichem. Im Spätherbst werden dann die

Winterquartiere aufgesucht, die unterirdisch und außerhalb der Frostgrenze liegen. In seinem westlichen Verbreitungsgebiet, wo *Triturus vulgaris vulgaris* (Teichmolch) nicht vorkommt, vertritt ihn diese Art durch seine Häufigkeit und Genügsamkeit in puncto Gewässergröße. *Größe:* Bis 11 cm. *Färbung:* Die Oberseite ist olivbraun bis olivgrün und oft mit dunklen Flecken versehen. Die Kopfseiten haben einen dunklen, durch das Auge verlaufenden Längsstrich. Die Unterseite ist zu beiden Seiten weißlich, die Bauchmitte stroh- bis orangegelb. *Aussehen:* Der Fadenmolch besitzt eine schlanke Körperform. Der Schwanz ist etwas länger als die Kopfrumpflänge und weist zur Fortpflanzungszeit in Wassertracht eine beidseitige Schneidenverbreiterung auf. Die Struktur der Haut ist als feinkörnig zu bezeichnen. Zur Paarungszeit hat das Männchen eine Hautleiste, die sich über den Rücken bis zum Schwanz hinzieht und dort ohne Übergang mit der Schwanzschneidenverbreiterung zusammenfließt. Bei beiden Geschlechtern macht sich eine deutlich vorspringende Rückenkante bemerkbar, außerdem sind hier noch die zur Balz an den Hinterbeinen befindlichen Schwimmhäute zu erwähnen. Der Schwanz läuft am Ende in einen bis zu 5 mm langen fadenförmigen Fortsatz aus, der scharf abgegrenzt ist. *Brut- und Laichverhalten:* Siehe *Triturus alpestris alpestris*. *Paarungsverhalten:* Zur Balz stehen sich Männchen und Weibchen Kopf an Kopf gegenüber. Zum nun folgenden Wedeln wird der Körper bogenförmig abgekrümmt. Der Ablauf der Paarungsspiele ist mit denen von *Triturus alpestris alpestris* identisch und endet mit dem Aufnehmen des vom Männchen abgesetzten Spermatophors. *Terrarieneinrichtung:* Siehe *Triturus alpestris alpestris*. *Futter:* Siehe *Triturus alpestris alpestris*. *Lebensweise:* siehe *Triturus alpestris alpestris*. *Eignet sich für Anfänger.*

Triturus helveticus punctillatus (Punktierter Fadenmolch)

Verbreitungsgebiet: Ein Fundort in der Sierra de la Demanda (Iberisches Randgebirge). *Biotop:* Lebt in einem Karstsee mit

Sandgrund. Der Aufenthaltsort der Tiere befindet sich vornehmlich in den ins wasserhängenden Grasbüscheln der Uferzone. *Größe:* Bis 7,5 cm. *Färbung:* Unterscheidet sich von der Nominatform durch die feine Punktierung auf der Oberseite, die auf dem Schwanz teils wahllos angeordnet oder in drei durchgehende, mehr oder weniger gerade Linien, zusammengefaßt ist. *Eignet sich für fortgeschrittene Anfänger.* Weiteres siehe *Triturus helveticus helveticus.*

Triturus helveticus sequeirai

Verbreitungsgebiet: Mittel- und Nordportugal, Westgalicien. *Aussehen:* Bleibt kleiner als die Nominatform. *Eignet sich für Anfänger.* Weiteres siehe *Triturus helveticus helveticus.*

Triturus italicus (Süditalienischer Wassermolch)

Verbreitungsgebiet: Kommt in seinem nördlichsten Verbreitungsgebiet südlich von Ancona vor und ist in Richtung Süden entlang der Ostabhänge des Apennins beheimatet. Südlich der Abruzzen breitet er sich auf der gesamten südlichen Halbinsel aus und ist selbst im südlichen Calabrien und Apulien anzutreffen. *Biotop:* Kommt in Sümpfen, Zisternen, Tümpeln und Bewässerungsgräben vor. *Größe:* Bis 8 cm. *Färbung:* Die Oberseite des Männchens ist hell bis dunkel grünlichbraun oder olivfarben. Letztere Farbe ist beim Weibchen ausschließlich zu finden. Auf dieser Grundierung sind beim Männchen unregelmäßig angeordnete, dunkelbraune Punkte zu sehen, die beim Weibchen schwarz sind und bisweilen zu einer Zickzackbinde zusammenlaufen können. Zur Paarungszeit befindet sich in der Schläfengegend beider Geschlechter ein gelblicher Fleck. Dann sind die Flanken auch als messinggelb zu beschreiben, auf denen dunkelolivbraune bis bleigraue Flecken stehen. Diese werden am Schwanz größer und nehmen eine schwarze Färbung an. Außerdem verläuft über den Rumpf eine grünlichgelbe oder weißliche Seitenlinie, die jedoch nicht sehr ausgeprägt ist. Die Unterseite der Kehle scheint ockergelb, auf deren Grund manchmal vereinzelt schwarze Pünktchen zu sehen sind. Der Bauch selbst ist helldottergelb und mit großen, rundlichen, schwarz gefärbten Punkten versehen, die unregelmäßig verstreut, aber auch zu zwei Längsreihen angeordnet sein können. *Aussehen:* Diese sehr klein bleibende Art besitzt einen breiten Kopf. Der Rücken ist mit einer vertieften Mittellinie versehen. Die Schwanzlänge beträgt etwa die Hälfte der Kopfrumpflänge. Der Schwanz selbst ist sehr schmal und weist bei beiden Geschlechtern während des Wasseraufenthalts einen niedrigen Hautsaum auf. Das Ende des Schwanzes läuft nach einer jähen Rundung nur beim brünstigen Männchen in einen kurzen Dorn aus. Die männliche Kloake ist gewölbt und schwarz, während die weibliche kegelförmig und einfarbig bleibt. Zur Paarungszeit befinden sich auf dem Rücken des Männchens deutliche Seitenkanten. *Brut- und Laichverhalten:* siehe *Triturus alpestris alpestris. Paarungsverhalten:* Das Männchen plaziert sich zum Paarungsspiel so vor dem Weibchen, daß beide Nase an Nase stehen. Die nun vom Männchen ausgeführten Zuströmbewegungen, die mit dem Schwanz erfolgen, werden in kurzen, schnellen, ineinanderfließenden Intervallen ausgeführt. Der dabei nach vorne abgebogene Schwanz wird zu diesem Zweck recht eng gegen die Flanken geschlagen. In dieser Stellung verharrend, können die Tiere bis zu einer halben Stunde verweilen, ohne die Position zu wechseln. Ist dann dem Ritual Genüge getan, dreht sich das Männchen ruckartig um und watschelt, den Schwanz noch immer an die Flanke geschmiegt, dem Weibchen voraus, um den Spermatophor abzusetzen. Dieser wird nun durch das nachfolgende Weibchen aufgenommen. *Terrarieneinrichtung:* Diese Art benötigt ein Aqua-Terrarium, dessen Aufteilung 50 % Land und 50 % Wasser enthalten sollte. Das Landteil füllt man mit weichem Bodengrund auf und gestaltet es mit Moos und Farnen. Versteckmöglichkeiten aus Rinde, Holz oder Steinen sollten nicht vergessen werden. Das Wasserteil ist wie bei den übrigen Triturusarten zu halten. *Futter:* Kleine

Regenwürmer, Tubifex, Wasserflöhe. *Lebensweise:* Hält sich teils im Wasser, teils auf dem Land auf. *Eignet sich für Anfänger.*

Triturus marmoratus marmoratus (Marmormolch) Foto 10

Verbreitungsgebiet: Kommt von der Iberischen Halbinsel bis Mittelfrankreich vor. *Biotop:* Bewohnt im Frühjahr und Sommer tiefe Wassergräben, Tümpel, Teiche und Weiher. Im Herbst ist er an Land unter Steinen und an feuchte Verstekken zu finden. Zur Überwinterung sucht er im Spätherbst unterirdische Aufenthaltsorte auf, die außerhalb der Frostgrenze liegen. Tiere, die in Gegenden ohne harte Winter vorkommen, wie in Südspanien, bleiben länger im Wasser und suchen kein Überwinterungsquartier auf. *Größe:* Bis 16 cm. *Färbung:* Oberseite gras- bis olivgrün mit braunschwarzer bis schwarzer Marmorierung. Zur Fortpflanzungszeit trägt das Männchen einen schwarzgelben oder schwarzweißlich senkrecht gestreiften Kamm. Die Weibchen haben über der Rückenmitte meist eine orangerote Mittellinie. Die Schwanzmitte des Männchens wird von einem perlmutterfarbenen Längsband durchzogen, das sich dem Schwanzende zu verjüngt. Die Finger und Zehen der Tiere sind grünschwarz geringelt. Die Unterseite ist schiefergrau bis schwarzgrau und weist kreideweiße Tüpfel, bisweilen unregelmäßig angeordnete schwarze Flecken, auf. *Aussehen:* Die Körperform des Marmormolches ist als gedrungen bis kräftig zu bezeichnen. Das imposante Männchen hat zur Fortpflanzungszeit einen hohen, ungezackten, manchmal gewellten Kamm, der an der Schwanzwurzel unterbrochen und dann auf dem Schwanz wieder fortgesetzt wird. *Brut- und Laichverhalten:* Siehe *Triturus alpestris alpestris. Paarungsverhalten:* Siehe *Triturus cristatus cristatus.* Der Marmormolch kreuzt sich in den französischen Überlappungsgebieten mit der Nominatform des Kammolchs *(Triturus cristatus cristatus).* Die daraus entstandenen Bastarde wurden lange Zeit als zwei selbständige Arten betrachtet und auch wissenschaftlich aufgeführt.

1. Bastardform: „Triturus blasii"
Bei dieser Bastardform ist das Vatertier von der Art *Triturus cristatus cristatus,* das Muttertier von *Triturus marmoratus marmoratus.*

2. Bastardform: „Triturus troussarti"
Hier ist das Vatertier von *Triturus marmoratus marmoratus,* das Muttertier von *Triturus cristatus cristatus.*

In der Gestalt ähneln die Bastarde *Triturus cristatus cristatus,* in der Färbung mehr oder weniger *Triturus marmoratus marmoratus. Terrarieneinrichtung:* Siehe *Triturus cristatus cristatus. Futter:* Siehe *Triturus cristatus cristatus. Lebensweise:* Wie bei *Triturus cristatus cristatus,* mit Ausnahme der Tiere aus dem südlichsten Verbreitungsgebiet. In diesem Falle wird oft in der Gefangenschaft noch eine Sommerruhe, die an Land verbracht wird, abgehalten. Im Herbst und Winter sind diese Tiere meist wieder im Wasser. *Eignet sich für Anfänger.*

Triturus marmoratus pygmaeus (Zwergmarmormolch)

Verbreitungsgebiet: Gibraltar und Südspanien. *Größe:* Erreicht maximal 10,5 cm. *Eignet sich für Anfänger.* Weiteres siehe *Triturus marmoratus marmoratus.*

Triturus montandoni (Karpatenmolch)

Verbreitungsgebiet: Odergebirge, Beskiden, Karpaten. *Biotop:* Im allgemeinen ist der Jahresablauf wie beim Fadenmolch zu beschreiben. Allerdings gibt es auch Ausnahmefälle. In früherer Zeit nahm man an, sie wären maßgebend. Es handelt sich dabei um Berichte, nach denen sich die Tiere im Sommer und Herbst an Land begeben, um anschließend, nach Einsetzen der starken Herbstregenfälle wieder ins Wasser zurückzukehren. Diesmal jedoch nicht zur Paarung sondern zur Überwinterung im Schlamm des Gewässers. In größeren Gewässern und wärmeren Gebieten trifft dies offensichtlich zu. *Größe:* Bis 10 cm. *Färbung:* Oberseite ist olivbraun bis grün gefärbt und weist eine dunkle Flekkung oder Marmorierung auf. Die Unterseite ist einfarbig orangerot. *Aussehen:* Diese Tiere haben eine gedrungene Körperform mit einem breiten Kopf. Die Schwanzlänge hat etwa die gleichen Maße wie die Kopfrumpflänge, kann aber auch kürzer sein. Die Hautstruktur ist als feinkörnig oder sogar glatt zu bezeichnen. Zur Paarungszeit hat das Männchen eine niedrige Hautleiste auf dem Rücken. Dann läuft auch das Schwanzende des Männchens in einen Faden aus. *Brut- und Laichverhalten:* Siehe *Triturus alpestris alpestris. Paarungsverhalten:* Siehe *Triturus alpestris alpestris. Terrarieneinrichtung:* Siehe *Triturus alpestris alpestris.* In den genannten Ausnahmefällen gibt man den Tieren ein reines Aquarium mit Schwimminseln. Bepflanzung Wasserpest. Ein Bodengrund ist unnötig, kann jedoch durch Kies gebildet werden. Im Sommer senkt man dann langsam den Wasserspiegel und richtet ein Aqua-Terrarium ein. Dabei sollte das Landteil überwiegen, auf dem Verstecke aus Steinen, Holz und Rinde, aber auch aus Moos gebildet werden. Im Herbst vergrößert man den Wasserteil, stellt den Behälter unter langsamer Temperaturangleichung in einen kühlen Überwinterungsraum und gibt dem Wasserteil einen mindestens 5 cm tiefen, weichen Bodengrund. *Futter:* Regenwürmer, kleine Fliegenmaden, Fliegen, Tubifex. *Besondere Ansprüche:* Diese Art benötigt nach der Brunstzeit unbedingt den schon angesprochenen Landaufenthalt, da sie sonst verkümmert. Die Winterruhe ist ebenfalls notwendig. *Lebensweise:* Siehe Biotopangaben. Im Terrarium oft nur terrestrische Lebensweise. Das Ausbilden von Brunftzeichen deutet jedoch die Bereitschaft zur aquatilen Lebensweise an. *Für fortgeschrittene Anfänger.*

Triturus vulgaris vulgaris (Teichmolch) Foto 7
(früher *Triton vulgaris vulgaris* oder *Molge vulgaris vulgaris*)

Verbreitungsgebiet: Die westliche Grenze wird durch Irland und Mittelfrankreich, die östliche Grenze durch Sibirien gebildet. *Biotop:* Befindet sich im Frühjahr und Sommer in Pfützen,

Tümpeln, Gräben, Teichen und kleinen Fließgewässern jeder Art. Im Herbst findet man die Tiere unter Steinen, Holzstükken und ähnlichen feuchten Stellen. Vor dem Wintereinbruch suchen die Tiere Überwinterungsverstecke auf, die außerhalb der Frostgrenze liegen. *Größe:* Bis 11 cm. *Färbung:* Die Oberseitenfärbung umfaßt eine Farbskala von lehmgelb über hellbraun bis olivbraun. Auf dieser Grundierung sind runde, dunkelbraune Flecken zu sehen, beim Weibchen sind es Tüpfelchen, die in zwei Längsbänder zusammenfließen können. Der Kopf zeigt fünf dunkle Streifen. Die Schwanzseiten sind beim Männchen zur Fortpflanzungszeit an der unteren Schneide mit einem blauschimmernden Längsband besetzt. Außerdem befindet sich dann auch in der Nähe der Kloake auf der Schwanzunterkante ein leuchtend roter Streifen. Die Flanken und die seitlichen Zonen der Unterseite sind weißlich, die Mitte der Unterseite ist stroh- bis orangegelb. Diese Grundierung wird mit schwarzgrauen Flecken und Punkten durchsetzt und tritt auf der Kehle in verstärkter Konzentration auf. *Aussehen:* Der Teichmolch besitzt eine schlanke, zierliche Körperform. Sein Schwanz ist etwas länger als die Kopfrumpflänge und besitzt zur Fortpflanzungszeit beidseitig verbreiterte Schneiden. Das Männchen zeigt während dieser Zeit einen hohen, welligen Rückenkamm, der ohne Einbuchtung in den hohen Schwanzsaum übergeht. Die Hinterbeine des Männchens sind in brünstigem Zustand mit Hautsäumen besetzt, die aber nicht wie beim Fadenmolch die Zehen verbinden. Manchmal ist auch ein Schwanzfaden, der nicht genau abgesetzt ist, zu sehen. *Brut- und Laichverhalten:* Siehe *Triturus alpestris alpestris. Paarungsverhalten:* Das Männchen ist ein sehr stürmischer Liebhaber, der in allen Stellungen das Weibchen anbalzt. Es kommt sogar öfters vor, daß das Männchen freischwimmend, ohne Grund unter den Beinen zu haben, das Weibchen umwirbt. Dabei biegt das Männchen seinen Schwanz so, daß dieser eine Schlaufe bildet und ein Teil des letzten Schwanzdrittels die Gegend der Schwanzwurzel berührt. Zeigt sich das Weibchen paarungswillig, setzt das Männchen seinen Spermatophor vor dem Weibchen ab und watschelt in gerader Richtung nach vorne. Das nachfolgende Weibchen nimmt dann den Samenträger in oder an ihrer Kloake auf. *Terrarieneinrichtung:* Siehe *Triturus alpestris alpestris. Futter:* Siehe *Triturus alpestris alpestris. Lebensweise:* Siehe *Triturus alpestris alpestris. Eignet sich für Anfänger.*

Triturus vulgaris ampelensis (Siebenbürgischer Teichmolch)
Verbreitungsgebiet: Bewohnt den westlichen Teil des Siebenbürgischen Hochlandes (Rumänien). *Größe:* Bis 7,7 cm. *Färbung:* Der Rückenschwanzkamm der Männchen zeigt zur Fortpflanzungszeit eine charakteristische, schwarzgelbe Streifung, die in senkrechter Richtung verläuft. Die Kehle, wie auch der Bauch, bleiben meistens ungefleckt. *Aussehen:* Diese Unterart unterscheidet sich von der Nominatform durch die stark ausgebildeten Seitenwülste der Rumpfoberseite. Der Rückenschwanzkamm, der stets in der Nackengegend beginnt, ist niedriger ausgebildet. Die zur Brunstzeit vorhandenen Hautsäume der Zehen sind breiter gelappt. Der Schwanzfaden, der im Gegensatz zur Nominatform meistens vorhanden ist, ist gut abgesetzt. *Eignet sich für Anfänger.* Weiteres siehe *Triturus vulgaris vulgaris.*

Triturus vulgaris borealis (Schwedischer Teichmolch)
Verbreitungsgebiet: Mittelschweden. *Färbung:* Die dunkle Fleckung ist im Gegensatz zur Nominatform kleiner und zahlreicher. *Aussehen:* Der Rückenschwanzkamm dieser Unterart ist niedriger gehalten, ebenso zeigt sich die Kloake zur Brunstzeit geringer entwickelt. *Eignet sich für Anfänger.* Weiteres siehe *Triturus vulgaris vulgaris.*

Triturus vulgaris graecus (Griechischer Teichmolch)
(früher *Triturus vulgaris graeca*)
Verbreitungsgebiet: Ionische Inseln, Griechenland und Macedonien bis Mittelwestjugoslawien. *Größe:* Bis 7,5 cm. *Fär-*

bung: Die Oberseite der Weibchen ist mit mehr oder weniger ausgeprägten Flecken durchsetzt. Der Bauch erscheint allgemein in einem hellrötlichen Farbton. Der Schwanzsaum ist breit gehalten, weist zwar keine Flecken auf, jedoch häufig einen schwarzen, unteren Rand. *Eignet sich für Anfänger.* Weiteres siehe *Triturus vulgaris vulgaris.*

Triturus vulgaris meridionalis (Südlicher Teichmolch) Foto 12

Verbreitungsgebiet: Nord- und Mittelitalien (Südlichste Verbreitungsgrenze zwischen dem Fluß Volturno und der Stadt Neapel), Nordjugoslawien, Tessin (Südschweiz) und Kärnten (Österreich). *Biotop:* Diese Unterart bewohnt jede stehende Süßwasserart im Bergland und ist ansonsten den Jahreszeiten gemäß in den Biotopen der Nominatform anzutreffen. *Größe:* Bis 9,2 cm. *Färbung:* Diese Unterart unterscheidet sich beim Männchen nur durch die kleinere Oberseitenfleckung. *Aussehen:* Die Körperform wirkt im allgemeinen gedrungener. Das brünstige Männchen besitzt nur einen niedrigen, leichtgewellten Kamm, der auch geradlinig sein kann. Am Schwanzende befindet sich ein fadenförmiger Fortsatz. Die Hinterbeine sind mit Hautsäumen besetzt. *Eignet sich für Anfänger.* Weiteres siehe *Triturus vulgaris vulgaris.*

Der Leser wird sich nach Abschluß der Teichmolch-Unterarten mit Recht fragen, warum *Triturus vulgaris schreiberi, Triturus vulgaris dalmaticus* und *Triturus vulgaris tomasinii* nicht berücksichtigt wurden. Diese drei Unterarten werden in ihrer Richtigkeit seit einiger Zeit angezweifelt, denn man nimmt an, daß es sich um Mischformen, vornehmlich der Nominatform, mit *Triturus vulgaris meridionalis* handelt. Ebenso ist es durchaus denkbar, daß in den südlichen Gebieten, aus denen „dalmaticus" und „tomasinii" beschrieben wurden, Mischformen der Nominatform und der Unterart „graecus", als auch Mischformen zwischen der Mischform der nördlichen Gebiete (*Triturus vulgaris vulgaris* und *Triturus vulgaris meridionalis*) mit *Triturus vulgaris graecus* vorkommen. In dieser Sache müßten noch ernsthafte und detaillierte Untersuchungen erfolgen. Deshalb wurden diese Unterarten nicht in die Beschreibung aufgenommen.

Anleitung zum Bestimmungsschlüssel

Der nun folgende Bestimmungsschlüssel soll jedem Leser ermöglichen, unbekannte Tiere, nach ihren äußeren Merkmalen zu identifizieren. Dabei geht man systematisch vor. Der hier angewandte Bestimmungsschlüssel ist auf den gestaltlichen Besonderheiten des Schwanzes aller europäischen Schwanzlurche aufgebaut. Man betrachtet zuerst den Schwanz des Tieres und vergleicht ihn mit den Angaben des Bestimmungsschlüssels I bis VI. Hat man unter einer dieser Ziffern die richtigen Angaben gefunden, so findet man den weiteren Weg am Ende dieses Absatzes, wo der Hinweis beispielsweise „siehe IX" steht. In diesem Falle findet man die nächsten Angaben bei Ziffer IX. In diesem Sinne ist auch bei eventuell weiteren Aufgliederungen zu verfahren. Ist der Fangort des Tieres bekannt, so erzielt man eine endgültige Sicherheit durch das Nachschlagen in der systematischen Artenbeschreibung.

Bestimmungsschlüssel

I. Schwanz im Querschnitt rundlich . . . . . . siehe VI

II. Schwanz im Querschnitt rund, am Ende zusammengedrückt . . . . siehe VII

III. Schwanz rund, jedoch zur Spitze hin zusammengedrückt und oben mit Kiel . . . . siehe VIII

IV. Schwanz im Querschnitt rund, mit scharfer Ober- und Unterkante . . . . siehe IX

V. Schwanz zusammengedrückt oder im Querschnitt eng oval . . . . siehe X

VI. Schwanz genauso lang oder etwas länger wie Kopfrumpflänge . . . . siehe 1
Schwanz nicht länger wie Kopfrumpflänge . . . . . siehe 2

1. Körperform langgestreckt, Männchen mit Höcker auf der Schwanzwurzel, dunkle Grundfärbung mit zahlreichen kleinen, gelben Flecken . . . . . *Mertensiella luschani helverseni*

2. Zehen ohne Spannhäute . . . . siehe 3
Zehen mit Spannhäuten . . . . siehe 4

3. Oberseite tiefschwarz, Körperform normal bis schlank, Parotiddrüsen stark ausgebildet, Schwanz kürzer als Kopfrumpflänge, Haut glänzend und glatt, an jeder Rumpfseite mit je einer Reihe hintereinander verlaufenden Warzen
. . . . *Salamandra atra*

Oberseite mit schwarzer Grundfarbe, die von lebhaften, in Streifen oder Reihen angeordneten, schwefel- bis dottergelben, aber auch orange- bis mennigeroten Flecken, unterbrochen wird . . . . siehe a

Oberseite von schwarzer Grundfarbe, die von wahllos angeordneten Flecken unterschiedlicher Formen unterbrochen wird. Färbung der Flecken schwefel- bis dottergelb, aber auch orange- bis mennigerot . . . . siehe b

a. Oberseite mit gelben Längsstreifen, die sowohl extrem schmal, aber auch bandförmig breit sein können. Gestalt zierlich, Schwanz verhältnismäßig lang und nieder, Kopf klein, Schnauze sehr kurz und rund, Parotiden extrem klein, Finger relativ lang. Wenn lebendgebärend und aus Provinz Oviedo
. . . . *Salamandra salamandra bernadezi*
ansonsten . . . . *Salamandra salamandra fastuosa*
Oberseite fleckenstreifig oder fast gelb, Gestalt zierlich, Schwanz relativ hoch und lang, Kopf breit und flach, Extremitäten sowie Finger und Zehen langgestreckt. In Italien beheimatet . . . . *Salamandra salamandra giglioli*
Oberseite fleckenstreifig, normal bis kräftige Gestalt, nordwesteuropäische Unterart kommt von Frankreich bis Deutschland vor . . . . *Salamandra salamandra terrestris*

b. Körperform plump, breiter Kopf, Flecken einfach geformt, ohne inselartige Farbtupfen, Flecken ohne System angeordnet
. . . . *Salamandra salamandra salamandra*
Körperform gedrungen und selten in der Gesamtlänge 16 cm überschreitend. Stark reduzierte Fleckenzeichnung. Gebietlich stark begrenzte Unterart, die in den Sierra de Gredos beheimatet ist . . . . . . *Salamandra salamandra almanzoris*
Gestalt gedrungen, Schwanz kurz und hoch, Kopf stark gewölbt, Schnauze äußerst spitz gerundet und weit vorgezogen, Parotiden kurz und breit, zeigt Neigung zur Ausbildung von hufeisenförmigen Flecken und Rotfärbung
. . . . *Salamandra salamandra bejarae*
Gestalt groß und derb, Schwanz extrem kurz und hoch, Kopf gewölbt, Schnauze kaum vorspringend und stark gerundet, Parotiden klein, Finger und Zehen kurz, Fleckung auf Oberseite teilweise zerhackt und unregelmäßig, an den Flanken oft

zu einer Fleckenreihe zusammengefaßt

. . . . *Salamandra salamandra corsica*

Gestalt gedrungen, Schwanz kurz und hoch, Kopf stark gewölbt, Schnauze äußerst spitz gerundet und weit vorgezogen, Parotiden kurz und breit, gelbe, hufeisenförmige bis ringförmige Flecke, in die inselartige, weinrote Flecken eingelassen sind, weinrote Kehle . . . *Salamandra salamandra gallaica*

4. Oberseite dunkelrotbraun, teilweise mit gelblicher Pigmentierung, Unterseite weißlich bis gelblich mit feiner, bräunlicher Sprenkelung, großer Kopf, breitabgestutzte Schnauze, kurzer, gedrungener Rumpf . . . *Hydromantes genei genei*

Oberseite rötlichbraun, auch hellviolett bis dunkelbraun, bei rötlichbrauner Grundfarbe auch teilweise graubraun, bei dunkelbrauner Grundfarbe auch schwarzbraun gefleckt. Oberseite mit gelbweißer, zum Teil gelbgrüner bis olivgrüner Fleckung, dies jedoch oft fehlend oder auf die Seiten beschränkt. Unterseite gelblich oder weißlich, teilweise mit bräunlicher Sprenkelung. Wirkt untersetzter als *Hydromantes genei genei*

. . . . *Hydromantes genei flavus*

Oberseite dunkelbraunrot, mit spärlichen, gelbweißen, unregelmäßig geformten Flecken, ohne System angeordnet. Unterseite weiß bis rötlich mit starker, brauner Sprenkelung. Extremitäten relativ länger als *Hydromantes genei genei*, strömt einen scharfen, aromatischen Geruch aus

. . . . *Hydromantes genei funereus*

Oberseite dunkelbraunrot, mit weißlicher bis gelblicher Pigmentierung auf großen Flächen, dadurch wird eine Marmorierung der Rücken- und Flankenseiten hervorgerufen. Unterseite einfarbig rötlichweiß. Schwanz ist länger als bei *Hydromantes genei genei*. Strömt einen scharfen, aromatischen Geruch aus . . . . *Hydromantes genei imperalis*

Oberseite schwärzlich bis braun oder gelblich, metallisch überpudert, mit Fleckenzeichnung. Fußlänge im Verhältnis zur

Kopfrumpflänge beträgt 10,8 bis 13,0 %

. . . . *Hydromantes italicus italicus*
Fußlänge im Verhältnis zur Kopfrumpflänge 11,9 bis 13,7 %.
Gebietlich stark begrenzte Population im südöstlichen Ligurien
. . . . *Hydromantes italicus ambrosii*
Oberseite gelbbraun, Flanken dunkelbraun, Unterseite hell.
Fußlänge im Verhältnis zur Kopfrumpflänge 9,6 bis 13 %
. . . . *Hydromantes italicus gormani*
Oberseite schwarzbraun mit olivgrünem Hauch, von großen,
schmutziggelben Flecken durchsetzt. Fußlänge im Verhältnis
zur Kopfrumpflänge 13,1 bis 13,8 %
. . . . *Hydromantes italicus strinatii*
Gebietlich stark begrenzte Population im mittelwestlichen Li-
gurien . . . . *Hydromantes italicus argentatus*
Gebietlich stark begrenzte Population im westlichen Ligurien
. . . . *Hydromantes italicus bonzanoi*
Gebietlich stark begrenzte Population im mittleren Ligurien
. . . . *Hydromantes italicus ligusticus*

VII. Oberseite bräunlichschwarz mit zwei braunen, gelblichroten oder kupferglänzenden Längsbinden, die auf dem
Schwanz zusammenstoßen. Unterseite einfarbig hellgraubraun.
Gestalt äußerst langgestreckt, fast walzenförmig, Schwanz oft
doppelt so lang wie Kopfrumpflänge, Männchen mit Oberarmwulst, Kloake halbkugelig, Weibchen hat den Schwanz im
Gegensatz zum Männchen nicht von der Schwanzwurzel abgesetzt . . . . *Chioglossa lusitanica*

VIII. Oberseite olivbräunlich mit schwarzem Rückenstreifen,
der gold- bis bronzeschimmernd begrenzt ist, an der Seite von
Kopf bis Schwanz schwärzlich marmoriert, untere Flanken mit
weißer Punktierung, Kehle fleischfarben, Unterseite grau mit
lichter Tüpfelung, normale Körperform, dreizehn bis fünfzehn Rippenfurchen, Schwanzlänge etwa wie Kopfrumpflänge,
meist jedoch etwas kürzer, Füße mit vier Zehen
. . . . *Hynobius keyserlingii*

IX. Oberseite mattschwarz, stellenweise auch rotbraun, mit gelbrötlichem, v-förmigen oder brillenartigen Fleck zwischen den Augen. Unterseite helle Färbung mit unregelmäßig angeordneten, schwarzen Flecken, Kehle schwarz mit weißem Fleck, Kloakengegend, Beininnenseiten sowie Teile des Schwanzes feuerrot. Schlanke Körperform, Männchen kleiner und schlanker, mit stärker hervortretender Kloake
. . . . *Salamandrina terdigitata*

X. Vorderbeine mit drei, Hinterbeine mit zwei Zehen
. . . . siehe XI
Vorderbeine mit vier, Hinterbeine mit fünf Zehen   siehe XII

XI. Färbung fleischfarben, hellgelblich, rötlich oder violett, auch teilweise mit gelb- oder rötlichgrauen Punkten und Flekken. Besitzt zeitlebens Kiemen, die immer blutrot sind, Körperform aalartig, Gliedmaßenpaare weit auseinandergerückt und dünn, schlanker Kopf, der in eine breite Schnauze ausläuft, Augen mit Haut überwachsen, Schwanz kürzer als Kopfrumpflänge und mit Hautsäumen besetzt
. . . . *Proteus anguinus*

XII. Rippenspitzen an der oberen Flankenhälfte fühlbar
. . . . siehe XIII
Rippenspitzen an der oberen Flankenhälfte nicht fühlbar
. . . . siehe XIV

XIII. Oberseite schmutzig ockergelb oder olivgrün, zur Fortpflanzungszeit mehr rote oder braune Grundfärbung aufweisend, im Alter dunkeln die Farben nach, unterer Schwanzsaum sowie Zehenspitzen gelborange. Über die Rumpfseiten je eine Reihe von Höckern, die eine gelbe oder rote Färbung aufweisen. Unterseite hell, mit dunklen, unregelmäßigen Punkten und Flecken. Kräftiger, abgeflachter Körperbau, Kopf niedrig, mit vorstehenden, kleinen Augen, Schwanz zusammengedrückt . . . . *Pleurodeles waltl*

XIV. Oberseite mit scharf abgesetzten, sattgelben Flecken
. . . . siehe XV

Oberseite ohne scharf abgesetzte, sattgelbe Flecken   siehe XVI

XV. Flecken auf Rückenmitte in eine fleckenstreifige Linie zusammengefaßt, auf Flanken und Schwanzseiten mit unregelmäßig angeordneten Flecken. Grundfärbung der Oberseite grau bis grünlichschwarz. Unterseite mit gelber bis orangefarbener Mittelzone, die oft gefleckt ist. Körperform schlank und sehnig mit muskulösem, zusammengedrücktem Schwanz, auffallend rauhe Haut . . . . . . *Euproctus asper asper*

Flecken auf Rückenmitte laufen mehr in einer durchgehenden Linie zusammen. Sonst siehe *Euproctus asper asper*
. . . . *Euproctus asper castelmouliensis*

XVI. Oberseite mit glänzend glatter Haut, Männchen mit sporenartiger Verbreiterung an den Hinterbeinen   siehe XVII
Oberseite mit mattglatter, samtartiger oder gekörnter Haut, Männchen ohne sporenartige Verbreiterung der Hinterbeine
. . . . siehe XVIII

XVII. Durchschnittsgröße Kopfrumpflänge ca. 10 cm, jedoch bis 12 cm möglich. Oberseite goldbronze, hellbraun, dunkelbraun, schwarzbraun, grün teilweise marmoriert mit Farbabstufungen von dunkel- bis hellgrün auf dunklem Untergrund, oft ist über dem Rücken eine gelbbraune Mittellinie zu sehen. Unterseite grau oder bräunlich mit weißen Sprenkeln, hellgrau mit dunkelbraunen Flecken, die selten eine Netzmusterung hervorrufen können. Schlanke, abgeplattete Körperform.
. . . . *Euproctus montanus*
Durchschnittsgröße Kopfrumpfschwanzlänge ca. 12 cm, jedoch bis 14 cm möglich. Oberseite hellbraun, dunkelbraun, olivfarben, meist über Rückenmitte mit gelber bis gelblichbrauner Mittellinie. Grundfarbe von kastanien- bis nußbraunen Flecken durchsetzt, die auch eine Marmorierung bewirken können.

Unterseite gelblich oder weißlich und beim Männchen mit zahlreichen Tüpfeln besetzt, die beim Weibchen fast verschwinden, seltener ist die Unterseitenfärbung rötlich bis rostbraun mit rotbraunen bis schwarzen Flecken. Schlanke, abgeplattete Körperform . . . . . . *Euproctus platycephalus*

XVIII. Kopfschwanzrumpflänge bei ausgewachsenen Tieren 12 cm überschreitend, Haut körnig, normale bis kräftig robuste Körpergestalt . . . . siehe 1

Kopfschwanzrumpflänge bei ausgewachsenen Tieren 11 cm nicht überschreitend, Haut körnig, kräftige Körpergestalt, nur in Südspanien vorkommend . . . . siehe 2

Kopfrumpfschwanzlänge bei ausgewachsenen Tieren 11 cm nicht überschreitend, Oberseitenfärbung lehmgelb bis braungelb, hellbraun bis dunkelbraun, aber auch olivfarben, Haut sehr feinkörnig oder mattglatt . . . . siehe 3

Kopfrumpfschwanzlänge bei ausgewachsenen Tieren ausnahmsweise bis 11 cm, jedoch meistens 10 cm nicht überschreitend, dunkel gefärbte, gefleckt bis marmorierte Oberseite, die Farbtöne von braunoliv bis grünlich sowie schwarzgrau bis blau vorweisen kann, Haut feinkörnig bis mattglatt . . . . siehe 4

Körperlänge bei ausgewachsenen Tieren 8 cm nicht überschreitend, breiter Kopf, Rücken mit vertiefter Mittellinie siehe 5

1 Oberseite oliv bis braunschwarz, teilweise mit dunklen Flecken . . . . siehe a

Oberseite oliv- bis grasgrün, mit schwarzer bis braunschwarzer Marmorierung, Männchen zur Fortpflanzungszeit mit schwarzgelbem oder schwarzweiß senkrecht gestreiften, hohen Rückenkamm, der an der Schwanzwurzel unterbrochen und auf dem Schwanz weitergeführt wird. Schwanz zur Fortpflanzungszeit hoch und platt zusammengedrückt, sonst niedriger und im Querschnitt eng oval, Weibchen oft mit orangeroter Mittellinie, Finger und Zehen schwarzgrün geringelt. Schwanz-

mitte des Männchens mit Mittelstreifen, der perlmutterfarben ist, nimmt zur Fortpflanzungszeit an Stärke und Farbintensität zu. Unterseite schiefergrau bis schwarzbraun auch mit kreideweißen Tüpfeln und unregelmäßig angeordneten, schwarzen Flecken, die aber auch fehlen können
. . . . *Triturus murmoratus marmoratus*

ACHTUNG! Wenn Färbung wie *Triturus marmoratus marmoratus*, Körpergestalt jedoch *Triturus cristatus cristatus* ähnlicher, besteht berechtigter Verdacht auf Bastardierung zwischen beiden Arten. Hier auf den Fundort achten.

a Oberseite braunschwarz bis grauschwarz, mit dunklen Flecken und Barren unterbrochen, die aber auch fehlen können, den Flanken zu und auf den Flanken mit kreideweißen Tüpfeln durchsetzt, Schwanzmitte des Männchens mit perlmutterfarbenem Streifen, der zur Fortpflanzungszeit an Breite und Farbintensität zunimmt, Finger- und Zehenspitzen gelborange und schwarz geringelt. Unterseite orange- bis dottergelb mit schwarzen Barren oder Flecken, Schwanzunterkante ebenfalls orange- bis dottergelb. Aus Osteuropa liegen verschiedene Färbungsvarianten vor, herausragend ist dabei ein Typus mit tomatenrotem Bauch. Schwanz ebenso lang oder etwas kürzer wie Kopfrumpflänge, zur Fortpflanzungszeit Männchen mit hohem, tiefgezacktem Rückenkamm, der an der Schwanzwurzel unterbrochen wird, um sich auf dem Schwanz fortzusetzen . . . . *Triturus cristatus cristatus*

Oberseite oliv bis bräunlich, mit großen, rundlichen, schwarzen Flecken, Flanken kaum oder überhaupt nicht getüpfelt, Weibchen häufig mit zitronengelbem Rückenstreifen, der sich über die Mitte zieht, Männchen mit perlmutterfarbenem Streifen längs über die Schwanzmitte, der zur Fortpflanzungszeit an Stärke und Farbintensität zunimmt, Unterseite grell orangegelb bis orangerötlich mit dunkelgrauen Flecken, die größer als bei der Nominatform sind, in alpinen Gebieten kann die

Unterseite auch ganz schwarz sein. Körperform gedrungener als die Nominatform, Kopf auffallend breiter, ebenfalls mit Rückenschwanzkamm zur Fortpflanzungszeit
. . . . *Triturus cristatus carnifex*

Oberseite oliv bis bräunlich, aber auch mit roten Färbungen und kleinen, dunklen Flecken durchsetzt. Flanken nur wenig getüpfelt. Schwanzmitte des Männchens mit perlmutterfarbenem Streifen, der zur Fortpflanzungszeit an Stärke und Farbintensität zunimmt. Unterseite orangegelb bis orangerot, mit rundlichen, dunkelbraunen bis schwarzen Flecken. Körperform langgestreckter und schlanker als bei der Nominatform, schmaler Kopf, kürzere Beine, trägt ebenfalls zur Fortpflanzungszeit einen Rückenschwanzkamm . *Triturus cristatus dobrogicus*

Oberseite braun, mit ins bläuliche spielenden, kreisrunden Flecken, Flanken kaum oder überhaupt nicht getüpfelt, Schwanzmitte des Männchens mit perlmutterfarbenem Streifen, der zur Fortpflanzungszeit an Stärke und Farbintensität zunimmt, Weibchen mit hellbrauner Mittellinie. Körperform mit Ausnahme der im Gebirge lebenden Tiere kräftiger und wuchtiger als bei der Nominatform, lange Beine, klobiger Kopf, Kamm weniger gezackt . . *Triturus cristatus karelinii*

2 Beschreibung wie bei XVIII 1 *Triturus marmoratus marmoratus*, jedoch kleiner bleibend
. . . . *Triturus marmoratus pygmaeus*

3 Gelbe bis rötliche Bauchseitenfärbung auf Bauchmitte beschränkt. . . . . siehe a
Gelbe Färbung nicht auf Bauchmitte beschränkt . . siehe b

a Oberseite olivbraun bis olivgrün, oft mit dunklen Flecken versehen, Kopfseiten mit dunklem, durch das Auge verlaufendem Längsstrich, Bauchrandzonen zu beiden Seiten weißlich, Mittelteil des Bauches stroh- bis orangegelb, kaum oder selten gefleckt. Schlanke Körperform, Schwanz etwas länger als Kopfrumpflänge, mit einer, bei beiden Geschlechtern zur

Fortpflanzungszeit vorhandenen Schneidenverbreiterung, die beidseitig verläuft. Das Männchen hat zur Fortpflanzungszeit eine ungewellte Hautleiste, die sich über den Rücken bis zum Schwanz zieht und sich mit der hier befindlichen Schneidenverbreiterung ohne Übergang vereinigt. Bei beiden Geschlechtern ist eine deutlich vorspringende Rückenkante sichtbar. Das Männchen hat zur Paarungszeit zwischen den Zehen der Hinterbeine verbindende Schwimmhäute in Form eines Schwimmvogelfußes vorzuweisen. Der Schwanz läuft am Ende in einem bis zu 5 mm langen, fadenförmigen Fortsatz aus, der scharf vom Schwanz abgegrenzt ist . *Triturus helveticus helveticus*

Beschreibung wie *Triturus helveticus helveticus*, unterscheidet sich jedoch von der Nominatform durch die dichte, feine Punktierung der Oberseite auf bräunlichgrauem Untergrund. Kehle und Bauchmittelzone metallisch gelb, Bauchrandzonen silbrig angehaucht . . . . *Triturus helveticus punktillatus*

Beschreibung wie *Triturus helveticus helveticus*, bleibt aber bedeutend kleiner . . . . . *Triturus helveticus sequeirai*

Oberseite kann lehmgelb, hell- bis olivbraun, aber auch dunkelgrau oder dunkelschwarzbraun sein. Auf dieser Grundierung sind beim Männchen runde, dunkelbraune Flecken zu sehen. Beim Weibchen sieht man dunkelbraune Tüpfel, die sich mehr oder weniger zu zwei konstanten Längsbändern eingeordnet haben. Der Kopf zeigt mehrere dunkle Streifen, wovon sich einer durch das Auge zieht. Die Schwanzseiten sind beim Männchen zur Fortpflanzungszeit an der unteren Schneide meistens mit einem perlmutterfarbenem Längsband besetzt. Außerdem befindet sich dann auch oft in der Nähe der Kloake, an der Schwanzunterkante ein leuchtendroter Streifen, der darüber von einem himmelblauen abgelöst wird. Diese Streifen können von der Fleckung unterbrochen werden. Die Flanken gehen nach unten in einen weißlichen Farbton über und sind ebenfalls nach Art der Oberseite gefleckt. Bauchrandzonen weißlich, Bauchmittelzone stroh- bis orangegelb, gesamte Unterseite sowie die Kehle, mit schwarzbraunen, rundlichen Flecken durchsetzt. Schlanke Körperform, Schwanz etwas länger als Kopfrumpflänge, zur Fortpflanzungszeit mit verbreiterten Schwanzschneiden, Männchen dann mit hohem, gewelltem Rückenkamm, der ohne Übergang in die obere Schneidenverbreiterung übergeht. Wenn ein Schwanzfaden vorhanden ist, dann ist er nicht deutlich vom Schwanz abgesetzt, zur Fortpflanzungszeit mit breitgelappten Zehen . . . . *Triturus vulgaris vulgaris*

Beschreibung wie *Triturus vulgaris vulgaris*, unterscheidet sich jedoch von ihm durch die geringere Größe, den meistens ungefleckten Bauch und Kehle. Weitere Unterscheidungsmerkmale sind starke Seitenwülste der Rumpfoberseite, der senkrecht, schwarzgelb gestreifte und niedrig bleibende Rückenschwanzkamm, sowie der gut abgesetzte Schwanzfaden . . . . *Triturus vulgaris ampelensis*

Beschreibung wie *Triturus vulgaris vulgaris*, unterscheidet sich von der Nominatform durch kleinere Fleckung, die außerdem dichter angeordnet ist. Der Rückenschwanzkamm ist zur Fortpflanzungszeit niedriger und die Kloake erscheint weniger deutlich ausgebildet, als man dieses von der Nominatform gewöhnt ist . . . . *Triturus vulgaris borealis*

Beschreibung wie Triturus vulgaris vulgaris, unterscheidet sich von der Nominatform durch sein stumpfes Schwanzende, das durch einen längeren Schwanzfaden fortgesetzt wird. Der Rückenschwanzkamm ist deutlich niedriger als bei der Nominatform. Oberseite des Weibchens nicht mit Tüpfeln, sondern mit Flecken, die teilweise gut ausgebildet sind. Bauch allgemein hellrötlich, Schwanzsaum breit und ohne Flecken, doch häufig mit schwarzem, unterem Rand . . . . *Triturus vulgaris graecus*

Beschreibung wie *Triturus vulgaris vulgaris*, unterscheidet sich von der Nominatform durch die kleinere Oberseitenfleckung, die gedrungenere Körpergestalt, den niedrigen, leicht gewell-

ten Kamm, der auch manchmal völlig geradlinig sein kann. Schwanzende mit fadenförmigem Fortsatz, der jedoch nicht scharf vom Schwanzende abgesetzt ist
. . . . *Triturus vulgaris meridionalis*

ACHTUNG! Bei Tieren, die Angleichungen an *Triturus vulgaris vulgaris*, *Triturus vulgaris graecus* oder *Triturus vulgaris meridionalis* zeigen, sich jedoch nicht genau bestimmen lassen, handelt es sich möglicherweise um Mischformen dieser drei Typen, die aus der jugoslawischen Überschneidungszone stammen.

b Oberseite beim Männchen gelblichbraun, beim Weibchen mittelbraun bis olivgrün, Grundfarbe wird durch wahllos angeordnete, dunklere Flecken durchsetzt. Bei manchen Tieren zieht sich ein gelbbrauner Längsstreifen über den Rücken. Die Unterseite ist lebhaft gelb, ebenso die untere Schwanzschneide, die beim Männchen allerdings oft nur bis zur Schwanzwurzel gelb gefärbt ist. Schwanzspitze ist weiß gefärbt. Der Bauch wird vom übrigen Rumpf durch eine weißliche bis gelbliche Linie begrenzt. Körperform schlank, Schwanz länger als Kopfrumpflänge und mit einer zweischneidigen Verbreiterung, die in eine dornenartige, kurze Spitze ausläuft. Beim Weibchen kann diese Spitze fehlen. Männchen ohne Rumpfkamm, jedoch über der Kopfoberseite mit Längsfurche . . *Triturus boscai*

4 Rückenpartie mit je einer Seitenkante, Männchen zur Fortpflanzungszeit mit Schwanzfaden . . . . siehe a

Rückenpartie an den Seiten abgerundet, Schwanzfaden fehlt
. . . . siehe b

a Oberseite olivbraun bis grün mit dunkler Fleckung oder Marmorierung, Bauch einfarbig orangerot. Gedrungene Körperform, breiter Kopf, Schwanzlänge wie Kopfrumpflänge, manchmal etwas kürzer. Zur Paarungszeit mit niedriger, im Ton der Grundfarbe, colorierter Rückenleiste
. . . . *Triturus montandoni*

b Männchen mit blauer, schiefergrauer bis schwarzer Oberseitengrundfärbung, die durch eine mehr oder weniger deutliche, dunkle Marmorierung belebt wird. Über dem Rücken ist zur Fortpflanzungszeit eine niedrige, schwarzgelb gebänderte Rückenleiste zu sehen, die immer ungezackt ist. Die Unterseite ist einfarbig orange bis korallenrot. Flanken sind silberweiß, mit schwarzen Punkten, darunter befindet sich ein hellblaues Längsband. Bei Landaufenthalt verblassen diese Farben. Weibchen auf der Oberseite mit olivgrüner oder schiefer- bis schwarzgrauer Oberseite, die deutlicher als beim Männchen von einer dunklen Marmorierung belebt wird. Unterseite, sowie teilweise auch die Schwanzunterkante, einfarbig orangerot. Das Verblassen der Landfarben macht sich hier nicht so deutlich bemerkbar wie beim Männchen. Männchen schlank und eher zierlich, Weibchen gedrungen, Schwanzlänge wie Kopfrumpflänge, manchmal etwas kürzer
. . . . *Triturus alpestris alpestris*

Beschreibung wie *Triturus alpestris alpestris*, unterscheidet sich von der Nominatform durch die zierliche Körpergestalt, dem relativ langen Schwanz, sowie der ausgeprägteren und prächtigeren Färbung. Kehle mit rundlichen, weißumrandeten Flecken, die sich auf dem Hals und der Unterseite ausbreiten
. . . . *Triturus alpestris apuanus*

Beschreibung wie *Triturus alpestris alpestris*, unterscheidet sich von der Nominatform durch die beträchtlichere Gesamtlänge und den kräftigen Körperbau *Triturus alpestris reiseri*

Beschreibung wie *Triturus alpestris alpestris*, unterscheidet sich von der Nominatform durch larvale Körpermerkmale und teilweiser Ausbildung von weißlichen Körperfarben
. . . . *Triturus alpestris serdarus*

Beschreibung wie *Triturus alpestris alpestris*, unterscheidet sich von der Nominatform dadurch, daß das Weibchen recht häufig, das sonst nur dem Männchen eigene, blaue Flanken-

band, sowie die schwarzgelb gebänderte Rückenleiste besitzt
. . . . *Triturus alpestris veluchiensis*

ACHTUNG! Die nun folgenden, beschriebenen Unterarten ähneln sich rein äußerlich sehr stark. Es handelt sich hierbei um Unterarten, die sich durch Gebirgsisolation separat entwickelt haben. So ist hier, wie bei allen alpinen Kriechtieren und Lurchen, eine extreme Verdunkelung der Farben zu bemerken. Letzten Aufschluß über die Bestimmung dieser Unterarten kann der Fundort geben.

Beschreibung wie *Triturus alpestris alpestris*, unterscheidet sich von der Nominatform durch den breiten, abgerundeten Kopf, kommt im Kantabrischen Gebirge (Nordspanien) vor
. . . . *Triturus alpestris cyreni*

Beschreibung wie *Triturus alpestris alpestris*, unterscheidet sich von der Nominatform durch dunkle Rückenpartie, den breiten Kopf, den schlanken Rumpf und den relativ langen Schwanz. Kommt am Triglav (Italienisch-jugoslawische Grenze) vor
. . . . *Triturus alpestris lacus-nigri*

Beschreibung wie *Triturus alpestris alpestris*, unterscheidet sich von der Nominatform durch den breiteren Kopf und die dunkle Oberseitenfärbung, kommt nur im Bukumirsko-See (Montenegro) vor . . . . . . *Triturus alpestris montenegrinus*

Beschreibung wie *Triturus alpestris alpestris*, unterscheidet sich von der Nominatform durch die dunklere Oberseitenfärbung und ihre larvalen Merkmale. Kommt im Kapetanovo- und Manito-See vor . . . . . . *Triturus alpestris piperianus*

5 Oberseite des Männchens hell bis dunkel grünlichbraun oder olivfarben, letztere Färbung ist ausschließlich beim Weibchen zu finden. Das Männchen hat auf dieser Grundfarbe unregelmäßig angeordnete, dunkelbraune Punkte. Beim Weibchen sind die Punkte schwarz und können bisweilen zu einer Zickzackbinde zusammenlaufen. Zur Fortpflanzungszeit tragen

beide Geschlechter einen gelblichen Fleck in der Schläfengegend. Die Flanken sind messinggelb mit dunkelolivbraunen bis bleigrauen Flecken. Der Rumpf weist eine grünlichgelbe bis weißliche Seitenlinie, die jedoch nicht sehr ausgeprägt ist, auf. Kehle ockergelb, manchmal mit vereinzelten, schwarzen Pünktchen. Bauch hell dottergelb mit großen, rundlichen schwarzen Flecken, die sowohl unregelmäßig angeordnet als auch zu zwei Längsreihen zusammengefaßt sein können. Breiter Kopf, Schwanzlänge beträgt etwa die Hälfte der Kopfrumpflänge, Schwanz schmal, zur Fortpflanzungszeit mit niedrigem Hautsaum, der zweischneidig angeordnet ist. Das Ende des Schwanzes läuft nach einer jähen Rundung, beim brünstigen Männchen, in einen kurzen Dorn aus. Männliche Kloake gewölbt und schwarz, weibliche kegelförmig und dottergelb
. . . . *Triturus italicus*

Literaturverzeichnis

Aellen, V. 1958. Sur une nouvelle forme d'Hydromantes (Amphibia, Plethodontidae).
Senckenbergiana Biologica — Wissenschaftliche Mitteilungen der Senckenbergischen Naturforschenden Gesellschaft, 39, 155—163.

Bacesco, M. 1938. Contribution à la connaissance des reptiles et des amphibiens de la Roumanie.
Annales scientifiques de l'Universitè de Jassy; Tome 29, Partie 2, Fasc. 1, p. 1—10.

Bedriaga, L. v. 1897. Die Lurchfauna Europas. II Urodelen-Schwanzlurche. Bulletin de la Société Impériale des Naturalistes de Moscou. Moscou 1897.

Bolkay, St. 1919. Additions to the Herpetology of the Western Balcanic Peninsula.
Zemaljski muzej. u Bosni i Hercegovini. Glasnik. Bd. 31.

Bolkay, St. 1925. Über einen neuen Fundort von Triton graecus Tomasinii Wolt. in der Hercegovina.
Bl. Aquar. Terrark. 36, S. 526—527.

Bruno, S. 1974. Anfibi d'Italia i Caudata Natura, Milano, 64, (3/4); 209—254.

Chabanaud, P. 1919. Enumération des Reptiles et des Batraciens de la Peninsule Balkanique envoyés au Muséum par le Dr. Rivet, de 1917 à 1919, avec la description d'une variété nouvelle. Bulletin du Muséum national d'histoire naturelle, No. 1, p. 21—26.

Clergue-Gazeau, M. 1968. Euproctus asper, limite occidentale de l'espèce dans les pyrénées françaises (Batracien, Urodèle). Annales de Limnologie, tome 4, fasc. 2, 265—269.

Fachbach, G. 1969. Zur Evolution der Embryonal- bzw. Larvalentwicklung bei Salamandra. Z. f. zoolog. Systematik und Evolutionsforschung Bd. 7, H 2, S. 128—145.

Freytag, G. E. und Hübener, H. E. 1956. Bergmolche aus Italien. Aquarien und Terrarien. Leipzig, 3, 117.

FUHN, I. E. 1960. Verbreitung und Verwandtschaftsbeziehungen von Triturus vulgaris ampelensis. Zool. Anz. 165 : 54—85.

FUHN, I. E. und FREYTAG, G. E. 1961. Triturus cristatus in Rumänien. Zool. Anz. 166 : 159—173.

GAYDA, H. S. 1940. Su alcuni Anfibi e Rettili dell'Albania esistenti nel Museo zoologico di Berlino. Atti Soc. ital. Sci. Nat., Milan, 79, p. 263—272.

GISLEN, T. und KAURI, H. 1959. Zoogeography of the Swedish amphibians and reptiles with notes on their growth and ecology. Acta vertebr., Stockholm, 1, 3, p. 193—397.

HELLMICH, W. 1956. Lurche und Kriechtiere Europas. Carl Winter, Universitätsverlag. 51—67.

KARAMAN, ST. 1922. Beiträge zur Herpetologie von Mazedonien. Glasnik Hrvatskoga prirodoslovnoga drustva. Zagreb., Bd. 34, Heft 3.

KLINGELHÖFFER, W. 1956. Terrarienkunde 2. Teil, Lurche. Alfred Kernen Verlag, Stuttgart. 13—56.

KOLOMBATOVIC, G. 1907. Contribuzioni alla Fauna dei Vertebrati della Dalmazia. Glasnik hrvatskoga naravosi. Drustva, Zagreb, 19, p. 1—24.

MERTENS, R. 1923. Beiträge zur Herpetologie Rumäniens. Senckenbergiana, S. 207.

MERTENS, R., und WERMUTH, H. 1960. Die Amphibien und Reptilien Europas (Dritte Liste) Frankfurt/Main.

MERTENS, R. 1964. Kriechtiere und Lurche. Franckh'sche Verlagshandlung Stuttgart. 28—34.

NIKOLSKY, A. M. 1918. Amphibiens. — In: Faune de la Russie et des pays limitrophes. 300 pp., Petrograd (russisch; englische Übersetzung F. Por. Israel Progr. Sci. Translations, Jerusalem, 1962).

PAGAST, F. 1941. Über die Lurch- und Kriechtierfauna Ostpreußens. Schr. phys. ökon. Ges. Königsberg 72: 173—195.

PIEPER, H. 1963. Eine neue Mertensiella-Form von der griechischen Insel Karpathos. Senckenb. biolog., Frankfurt am Main, 44, S. 441—446.

PIEPER, H. 1970. Neue Beiträge zur Kenntnis der Herpeto-
fauna der südägäischen Inseln. Senckenb. biol., Frankfurt
am Main, 51, S. 55—65.

RADOVANOVIC, M. 1964. Die Verbreitung der Amphibien und
Reptilien in Jugoslawien.

SALVADOR, A. 1974. Guia de los Ansibos y reptiles espanoles
ICONA Madrid.

SCHMIDTLER, J. F. 1969. Herpetologische Beobachtungen in den
Iberischen Randgebirgen, mit Beschreibung einer neuen
Unterart von Triturus helveticus (Salamandridae, Amphibia).
Abh. Ber. Naturkd. Vorgesch. Magdeburg XI, 5, 219—231.

SCHMIDTLER, J. F. 1976. Die bemerkenswerten Kammolche
(Triturus cristatus) des Berchtesgadener Landes. Salamandra,
Bd. 12, H 1, S. 32—36.

SCHNEIDER, B. 1971. Das Tyrrhenisproblem. Interpretation auf
zoogeographischer Grundlage. Dargestellt an Amphibien
und Reptilien. Inaug.-Diss. Saarbrücken.

SCHREIBER, E. 1912. Herpetologica Europaea. G. Fischer, Jena,
X + 960 S. (Urodelen S. 9—147.).

SMITH, M. A. 1954. The British Amphibians and Reptiles.
Collins, Londres, XIV + 322p.

STEFANI, R. 1968. La distribuzione geografica e l'evoluzione del
Geotritone sardo (Hydromantes genei Schleg.) e dell Geo-
tritone continentale europea (Hydromantes italicus Dunn.).
Arch. Zool. Ital. 53: 207—244.

THORN, R. 1968. Les Salamandres. Paul Lechevalier.

WAHLERT G. VON 1965. Molche und Salamander, Franckh'sche
Verlagshandlung, Stuttgart.

WERNER, F. 1938. Die Amphibien und Reptilien Griechenlands.
Zoologica, Stuttgart, 35, 94, p. 1—117.

WOLTERSTORFF, W. 1905. Zwergformen der paläarktischen
Urodelen. C. R. 6ième Congr. Int. Zool. Berne 1904. —
1905, 258—263.

WOLTERSTORFF, W. 1923. Übersicht der Unterarten und Formen des Triton cristatus Laur.

WOLTERSTORFF, W. 1908. Eine neue Tritonenform Dalmatiens. Lacerta, Beilage zur Wochenschr. Aquar.-Terrar.-Kde., Magdeburg, 5, p. 23.

WOLTERSTORFF, W. 1925. (b) Katalog der Amphibiensammlung im Museum für Natur- und Heimatkunde zu Magdeburg. 1. Teil. Abh. Ber. Mus. Naturk. Vorgesch. Magdeburg, 4, 1, p. 231—310.

WOLTERSTORFF, W. 1941. Wodurch unterscheidet sich Triturus alpestris apuanus von Genua u. a. von Triturus alpestris alpestris. Wochenschrift für Aquarien- und Terrarienkunde. Braunschweig. S. 390.

Stichwortregister

Abrufkarte für ein Probeheft oder ein Abonnement

☐ Bitte liefern Sie mir ein kostenloses Probeheft „Das Aquarium".

☐ Ja, ich möchte die Monatszeitschrift „Das Aquarium" abonnieren.

Bitte liefern Sie mir die Zeitschrift

ab sofort / ab

Der Jahresbezugspreis beträgt 48,— DM (1985) zuzüglich 7,20 DM Versandkosten. Das Abonnement gilt für ein Jahr und kann jeweils zum Jahresende, unter Einhaltung einer Frist von 6 Wochen gekündigt werden.

X

Datum Unterschrift   Bitte unbedingt hier unterschreiben!

Name/Vorname

Straße/Nummer

Postleitzahl Wohnort

Wenn ich „Das Aquarium" abonniere, bezahle ich bequem und bargeldlos durch Bankabbuchung.

Bankleitzahl
(bitte vom Scheck
abschreiben)

Meine Kontonummer:

Geldinstitut:

Vertrauens-Garantie: Ich weiß, daß ich die Vereinbarungen innerhalb von 1 Woche bei der Bestelladresse widerrufen kann und bestätige dies durch meine 2. Unterschrift.

Datum Unterschrift   Bitte unbedingt hier unterschreiben!

das Aquarium

Zeitschrift für Aquarien- und Terrarienfreunde

Was bietet „Das Aquarium"?

So bunt wie das Leben in den Aquarien und Terrarien ist auch unsere Zeitschrift. Mit vielen farbigen Abbildungen und allgemein verständlich geschriebenen Artikeln sprechen wir Anfänger und Fortgeschrittene an.

Der **Süßwasseraquaristik** ist ein großer Teil gewidmet mit Berichten über Anfänger- und Problemfische.

Die Seewasseraquarianer kommen auch nicht zu kurz, ein spezieller Teil ist ausschließlich diesem Gebiet vorbehalten.

Für **Terrarienfreunde** sind weitere Seiten reserviert, die jedem Terrarianer etwas zu bieten haben.

Postkarte

Albrecht Philler Verlag

Postfach 28 60

4950 Minden

Bitte
freimachen